VON GOTT GELIEBT

EIN 3-MINUTEN-ANDACHTSBUCH FÜR TEENAGER-MÄDCHEN, UM ERMUTIGUNG FÜRS HERZ ZU FINDEN

EVELYN HOPE

Copyright © 2025 Hope Books Ltd.

Alle Rechte vorbehalten.

Übersetzt mit Unterstützung von ScribeShadow.

Bibelzitate entstammen verschiedenen Übersetzungen der Heiligen Schrift und werden sinngemäß wiedergegeben.

Anmerkung der Autorin: Diese Andachten sind von der Heiligen Schrift inspiriert und spiegeln Gottes Herz wider, wie es in der Bibel offenbart wird.

Auch wenn es sich nicht um wörtliche Worte Gottes handelt, sind sie so verfasst, dass sie die Wahrheiten, Verheißungen und die Liebe der Bibel zum Ausdruck bringen.

Sie sollen junge Frauen ermutigen, Gottes Liebe und Nähe persönlich zu entdecken.

INHALT

Einleitung	v
1. Du Wirst Geliebt	1
2. Du Bist In Sicherheit	3
3. Du Gehörst Dazu	5
4. Du Bist Wunderschön	9
5. Du Bist Zur Freude Geschaffen	11
6. Du Bist Stark	13
7. Du Bist Achtsam	15
8. Du Bist Begabt	17
9. Du Bist Ein Wahrheitsträger	19
10. Du Bist Kreativ	21
11. Du Bist Gütig	23
12. Du Bist Mutig	25
13. Du Wirst Gehalten	27
14. Du Bist Angenommen	29
15. Du Bist Unaufhaltsam	31
16. Du Bist Geduldig Und Ausdauernd	33
17. Du Bist Grosszügig	35
18. Ich Kenne Dich	37
19. Du Bist Kostbar	39
20. Dir Ist Vergeben	41
21. Du Bist Auserwählt	43
22. Du Bist Verankert	45
23. Du Bist Von Frieden Erfüllt	47
24. Du Bist Nicht Allein	49
25. Du Bist Rein	51
26. Du Bist Etwas Besonderes	53
27. Du Bist Edel	55
28. Du Bist Weise	57
29. Du Bist Frei	59
30. Du Wirst Innig Geliebt	61
31. Du Bist Genug	63
Deine Geschichte Geht Weiter	65

Eine Einladung	67
Eins Noch	69

EINLEITUNG

Willkommen auf dieser Reise, bei der du entdeckst, wer du wirklich bist!

Jeden Tag liest du einen Liebesbrief, der direkt von Gottes Herz an deins gerichtet ist. Diese Botschaften basieren auf der Bibel, die uns genau zeigt, wer Er ist und wer wir in Ihm sind.

Du kannst diese 3-Minuten-Andachten morgens oder abends lesen. Es gibt nicht den einen richtigen Zeitpunkt, um Zeit mit Gott zu verbringen – finde einfach eine Zeit, die für dich passt.

An manchen Tagen wird es dir vielleicht leichtfallen, diese Wahrheiten zu glauben. An anderen Tagen wird es dir vielleicht schwererfallen, sie anzunehmen. Das ist in Ordnung. Gottes Wahrheit darüber, wer du bist, bleibt immer gleich, egal ob du einen guten oder einen schlechten Tag hast.

Er kennt dich, liebt dich und freut sich an dir, genau so, wie du bist.

Wisse also, wenn du beginnst: Du bist bereits zutiefst geliebt und von Gott vollkommen angenommen.

In Liebe, Evelyn

KAPITEL 1
DU WIRST GELIEBT

Meine kostbare Tochter,

In einer Welt, die ständig versucht, dich zu definieren, denke daran: Ich habe bereits definiert, wer du bist. Du bist Mein, geschätzt und auserwählt, ein Schatz von unermesslichem Wert.

Du bist Teil Meiner auserwählten Familie. Du gehörst auf eine besondere Weise zu Mir und Ich habe dich als Meinen kostbaren Besitz ausersehen.

Du bist Mir so kostbar, dass Ich Mein Leben für dich gegeben habe. So viel bist du wert. Ich würde alles noch einmal tun, nur für dich. Wenn also Zweifel aufkommen und du deinen Wert infrage stellst, erinnere dich an den Preis, den Ich für dich bezahlt habe.

Jedes Detail dessen, was dich ausmacht, bereitet Mir Freude. Ich sehe, wie deine Augen leuchten, wenn du lachst. Ich bemerke, wie dein Herz sich danach sehnt, anderen zu helfen. Ich erfreue Mich an den Eigenheiten und Eigenschaften, die dich einzigartig machen.

DU WIRST GELIEBT

Vielleicht spürst du den Druck, dazuzugehören und wie alle anderen zu sein. Aber Ich habe dich erschaffen, um herauszustechen, um mit dem einzigartigen Licht zu strahlen, das Ich in dich gelegt habe.

Wenn du durch die sozialen Medien scrollst oder dich mit anderen vergleichst, denke daran: Du musst nicht wie irgendjemand anderes sein. Du wirst vollkommen geliebt, genau so, wie du bist.

Dein Wert hängt nicht von deinen Leistungen, deinem Aussehen oder der Meinung anderer über dich ab. Er entspringt Meiner Liebe zu dir.

Also, heute und jeden Tag, trage deinen Kopf hoch. Du bist Mein Meisterwerk, erschaffen mit einer Bestimmung und aus Liebe.

Nimm deine Identität als Meine geliebte Tochter an. Lass diese Wahrheit deine Handlungen, deine Worte und die Art und Weise, wie du dich selbst siehst, leiten.

In Momenten, in denen du dich ungeliebt oder übersehen fühlst, kehre zu dieser Wahrheit zurück: Du wirst geliebt. Du wirst geschätzt. Du bist Mein.

Und nichts kann das jemals ändern.

KAPITEL 2
DU BIST IN SICHERHEIT

Mein wunderschönes Kind,

ich sehe die Sorgen, die deinen Geist manchmal umwölken. Das Kribbeln im Bauch vor einer wichtigen Prüfung, die Gedanken, die dir durch den Kopf rasen, wenn du im Bett liegst, die Angst davor, was andere von dir halten könnten.

Ich möchte, dass du weißt, dass ich dich verstehe. Du musst diese Lasten nicht allein tragen – wirf sie einfach alle auf meine starken Schultern. Ich bin nicht nur bereit, sie zu tragen; ich sehne mich danach, es zu tun, weil ich dich so sehr liebe.

Vielleicht spürst du den Druck, perfekt sein zu müssen, alles richtig zu machen. Aber ich erwarte keine Perfektion von dir. Ich liebe dich genauso, wie du bist. Meine Kraft wird in der Schwachheit vollkommen (2. Korinther 12,9), also ist es in Ordnung, manchmal Angst zu haben oder unsicher zu sein.

Manchmal können sich Sorgen oder Stress wie ein Sturm in dir anfühlen, der sich nicht legen will. Aber denk daran, ich bin bei dir im Sturm. Als die Jünger während eines Unwetters Angst im Boot hatten, sprach ich zu ihrem Sturm: »Friede, sei still!«

DU BIST IN SICHERHEIT

Dieselbe Macht habe ich über die Stürme in deinem Herzen und in deinen Gedanken.

Mein kostbares Mädchen, hab keine Angst, denn ich bin genau hier bei dir. Ich bin dein liebender himmlischer Vater. Ich werde dir Kraft geben. Ich werde dir helfen. Ich werde dich festhalten und dich mit meiner starken Hand fest im Griff haben (Jesaja 41,10).

Wenn die Sorge in dir überhandnimmt, lass mich dich trösten. Mein Trost kann dir inmitten deiner Stürme Frieden und sogar Freude bringen (Psalm 94,19).

Wenn sorgenvollen Gedanken aufkommen, atme tief durch und denk daran, dass ich bei dir bin. Du kannst jederzeit und überall mit mir reden. Erzähl mir all deine Sorgen, denn ich bin dein sicherer Zufluchtsort (Psalm 62,8).

Mein Friede steht dir immer zur Verfügung (Johannes 14,27). Sei also nicht beunruhigt oder ängstlich. Ich bin hier, immer bereit, dich zu trösten und dir Frieden zu bringen.

Denk daran, der Geist, den ich dir gegeben habe, ist nicht einer der Furcht. Es ist einer der Kraft, der Liebe und der Selbstbeherrschung. Meine Kraft in dir bedeutet, dass du stärker bist, als du ahnst, mutiger, als du glaubst und mehr geliebt, als du dir je vorstellen kannst (2. Timotheus 1,7).

Ich bin immer da, wenn du in Schwierigkeiten bist, biete dir einen sicheren Ort und gebe dir die Kraft, die du für jeden Tag brauchst. Vertraue auf mich und lass meinen Frieden, der alles menschliche Verstehen übersteigt, dein Herz und deine Gedanken bewahren (Philipper 4,7).

Egal, was passiert, bei mir bist du immer in Sicherheit. Ich halte dich in meiner Hand.

KAPITEL 3
DU GEHÖRST DAZU

Meine geliebte Tochter,

ich sehe in dein Herz. Ich weiß, wie sehr du dazugehören möchtest, wie sehr du dir Freunde wünschst, die dich wirklich verstehen. Doch manchmal fühlst du dich einsam oder ausgeschlossen und fragst dich, ob dich überhaupt jemand versteht. Ich möchte, dass du weißt: Ich verstehe dich vollkommen. Ich bin denen nahe, deren Herz gebrochen ist (Psalm 34,18), und genau in diesen Momenten bin ich bei dir.

Es ist in Ordnung, wenn du dir bei Freundschaften unsicher bist. Freunde zu finden und zu behalten ist nicht immer leicht. Aber vergiss nicht, dass ich dich wunderbar gemacht habe (Psalm 139,14). Deine Einzigartigkeit ist kein Makel – sie ist ein Geschenk.

Wenn du mit deinen Freunden zusammen bist, musst du dich nicht verstellen. Ich liebe dich genau so, wie du bist, und wahre Freunde werden das auch tun. Hab keine Angst, du selbst zu sein. Ein wahrer Freund liebt dich immer (Sprüche 17,17), an deinen guten und an deinen nicht so guten Tagen.

DU GEHÖRST DAZU

Wenn du Schwierigkeiten hast, deinen Platz zu finden, wisse, dass ich gute Pläne für dich habe (Jeremia 29,11). Zu diesen Plänen gehören auch wertvolle Freundschaften. Halte dein Herz offen. Sei freundlich zu anderen, auch wenn es schwerfällt.

Denk daran, dass du, was auch immer geschieht, in mir immer einen Freund hast. Ich habe dich Freundin genannt (Johannes 15,15) und lade dich ein, jeden Tag eng mit mir zu gehen. Sprich mit mir über alles – deine Freuden, deine Sorgen, deine Fragen. Ich höre immer auf deine Stimme und sehne mich danach, deine Gedanken zu hören.

Lass mich deine Schritte leiten, während du durch jeden Tag gehst. Wenn du Zeit mit mir verbringst – meine Worte liest, im Gebet mit mir sprichst –, wirst du eine Freundschaft finden, die tiefer ist als jede andere.

Mit mir zu gehen bedeutet nicht, dass du keine anderen Freunde brauchst. Aber es bedeutet, dass du niemals allein sein kannst. Ich bin dein ständiger Begleiter, in jedem Flur, an jedem Mittagstisch, bei jeder nächtlichen Sorge.

Dieselben Hände, die die Sterne an ihren Platz gesetzt haben, halten dein Herz. Und ich webe Verbindungen und Freundschaften in deine Geschichte, die sich zu meiner perfekten Zeit entfalten werden.

Du gehörst dazu, mein Kind. Du gehörst zu mir und du hast einen Platz in dieser Welt.

In den Momenten, in denen sich Freundschaft kompliziert anfühlt oder die Einsamkeit dir Lügen über deinen Wert einflüstern will, halte an dieser Wahrheit fest: Ich habe dich erwählt. Ich habe meine Freude an dir.

Du bist niemals zu viel, niemals zu wenig, niemals zu anders, niemals zu gewöhnlich. Du bist genau die, zu der ich dich geschaffen habe. Und das, mein kostbares Kind, ist mehr als genug.

KAPITEL 4
DU BIST WUNDERSCHÖN

Meine geliebte Tochter,

ich sehe, wie du in den Spiegel schaust. Ich höre das Flüstern in deinem Herzen, wenn du dich mit anderen vergleichst. Lass mich dir ein Geheimnis verraten: Du bist wunderbar und einzigartig gemacht. Ich habe jeden Teil von dir mit Bedacht und Liebe geschaffen. (Psalm 139,14)

Wahre Schönheit kommt von innen – deine Freundlichkeit, dein Mut, dein liebevolles Herz. Das sind die Dinge, die mir wirklich wichtig sind. (1. Samuel 16,7)

Ich weiß, es kann schwer sein, wenn die Welt sich so sehr auf das Äußere zu konzentrieren scheint. Aber denk daran: Dein Wert liegt nicht in deinem Aussehen oder darin, dass du den Vorstellungen anderer entsprichst.

Ich sehe auf dein Herz. Dein wahres Ich – das Ich, das ich sehe – ist so viel mehr als das, was man von außen sieht. Du bist mein Meisterwerk, geschaffen, um wunderbare Dinge zu vollbringen, die ich vor langer Zeit für dich geplant habe. (Epheser 2,10)

DU BIST WUNDERSCHÖN

Ich habe dir einzigartige Gaben gegeben, um diesen Zweck zu erfüllen. Ich sehe die Stärke in dir, die Kreativität, die Freundlichkeit, das Potenzial, die Welt auf deine ganz besondere Weise zu verändern.

Wenn du über deinen Körper nachdenkst, erinnere dich daran, dass ich in dir lebe. Dein Körper ist kostbar, weil er deinen wunderschönen Geist beherbergt und es dir ermöglicht, wunderbare Dinge in dieser Welt zu tun. Behandle ihn mit Güte und Respekt. (1. Korinther 6,19-20)

Lass nicht zu, dass die sich ständig ändernden Schönheitsideale der Welt dich an dir selbst zweifeln lassen. Ich habe dir deine eigene, einzigartige Schönheit geschenkt. Nimm sie an.

Denk daran, ich mache keine Fehler. Jede Sommersprosse, jede Rundung, jeder Teil von dir wurde mit Liebe geschaffen. Du musst dich nicht verändern, um von mir geliebt oder akzeptiert zu werden. Ich liebe dich genauso, wie du bist, genau jetzt, in diesem Moment.

Wenn du also in den Spiegel schaust, sieh nicht nur dein äußeres Erscheinungsbild. Sieh dich mit meinen Augen. Sieh das wunderschöne Herz, das ich dir gegeben habe, den Verstand, mit dem ich dich beschenkt habe, die einzigartigen Fähigkeiten, die ich in dich hineingelegt habe.

Wenn sich Zweifel einschleichen, halte an dieser Wahrheit fest: Du bist mein geliebtes Kind. Ich habe meine Freude an dir. Ich juble über dich. (Zefanja 3,17)

Die Schönheit, die ich in dir sehe, ist so viel mehr, als jeder Spiegel zeigt – sie liegt in deinem gütigen Herzen, deinem mutigen Geist, deiner Art, die Welt zu sehen, und in jedem Merkmal, das ich sorgfältig gestaltet habe.

Du bist mein Meisterwerk und du bist wunderschön, von innen und von außen.

KAPITEL 5
DU BIST ZUR FREUDE GESCHAFFEN

Mein geliebtes Kind,

Ich möchte, dass du die wahre Freude kennenlernst, die daraus entsteht, in Meiner Gegenwart zu leben. Es ist eine besondere Art von Freude, die bei dir bleibt, auch wenn die Dinge nicht nach deinem Willen laufen – eine Freude, die von Meinem Geist kommt, der in deinem Herzen wohnt. (Galater 5,22)

In einer Welt, die sich oft auf große, aufregende Ereignisse konzentriert, lade Ich dich ein, Freude in den alltäglichen Momenten zu finden. Jeder kleine Moment ist ein Geschenk aus Meiner Hand, kleine Liebesbotschaften, die deinen Tag erhellen.

Weißt du, Ich bin immer bei dir, in jedem Moment. Und wo Ich bin, da ist Freude in Fülle. (Psalm 16,11) Wenn du lernst, Meine Gegenwart im Alltäglichen zu erkennen, wird dein ganzes Leben zu einem Abenteuer der Freude.

Mein Geist wohnt in dir, bereit, dich in dieses Leben der Freude zu führen. Er wird dich lehren, die Welt mit Meinen Augen zu sehen, die Schönheit und das Gute zu finden, das Ich in jeden Tag eingewoben habe.

DU BIST ZUR FREUDE GESCHAFFEN

Das bedeutet nicht, dass jeder Moment glücklich oder einfach sein wird. Aber selbst inmitten von Herausforderungen kann Meine Freude deine Stärke sein. (Nehemia 8,10) Es ist eine Freude, die aus dem Wissen kommt, dass du zutiefst geliebt bist, dir vollkommen vergeben ist und du niemals allein bist.

Wenn du jeden Morgen aufwachst, nimm dir einen Moment Zeit, um Meinen Geist einzuladen, dich aufs Neue zu erfüllen. Bitte Ihn, deine Augen für die guten Dinge um dich herum zu öffnen, deine Schritte und deine Entscheidungen zu leiten.

Suche jeden Tag nach Mir in den kleinen Dingen. Halte inne, um eine Blume zu bewundern, eine Mahlzeit zu genießen oder das Gefühl einer gut erledigten Arbeit auszukosten. All das sind Geschenke von Mir, Gelegenheiten, Meine Freude zu erfahren.

Denk daran, Ich habe meine Freude an dir, mein kostbares Mädchen. Ich liebe es, dich lächeln, lachen und das Leben genießen zu sehen, das Ich dir geschenkt habe. Du bereitest Mir so viel Freude, einfach weil du du bist.

Meine Freude ist immer in Reichweite, denn Ich bin immer in dir. Sie ist ein Geschenk, frei gegeben, das von Meinem Herzen in deines fließt.

Also entscheide dich heute für die Freude. Nimm jeden kostbaren Moment an. Singe, tanze, lache, feiere und sei kreativ in dem Wissen, dass Ich bei dir bin.

Lass Mich deine geheime Stärke sein, dein inneres Licht. Ganz gleich, was der Tag bringt, trage diesen Schatz in dir – die unerschütterliche, unaufhaltsame, überfließende Freude Meines Geistes.

Diese Freude entspringt der stillen Zuversicht zu wissen, dass du geliebt wirst, dem tiefen Frieden der Zugehörigkeit und der sanften Stärke, die daher kommt, dass du mit Mir gehst. Du wurdest zur Freude geschaffen.

KAPITEL 6
DU BIST STARK

Mein tapferes Kind,

manchmal fühlt es sich an, als ob jeder will, dass du genauso bist wie sie, oder? Aber ich möchte, dass du etwas Wunderbares weißt: Ich habe dich so geschaffen, dass du einzigartig du selbst bist!

Hab nicht das Gefühl, mit der Masse schwimmen oder das tun zu müssen, was alle anderen tun. Lass mich dir helfen, der Mensch zu werden, der du sein sollst, indem ich dir eine bessere Denkweise zeige (Römer 12,2).

Wenn deine Freunde etwas tun, das sich nicht richtig anfühlt, denk daran, dass du eine besondere Stärke in dir trägst. Diese Stärke kommt von mir, und sie ist immer da, auch wenn du dich unsicher fühlst. Durch mich kannst du alles schaffen. Ich werde dir Kraft geben (Philipper 4,13).

Ich weiß, dass es sich manchmal beängstigend anfühlen kann, anders zu sein. Aber weißt du was? Du bist nicht allein. Ich bin genau hier bei dir und feuere dich an! Ich habe dir einen Geist der Kraft, der Liebe und der Selbstbeherrschung gegeben. (2.

Timotheus 1,7) Das bedeutet, du hast die Kraft, gute Entscheidungen zu treffen, auch wenn es schwer ist.

Deine wahren Freunde werden dich so mögen, wie du bist, und nicht so, wie sie dich haben wollen. Und wenn du dir selbst und mir treu bleibst, wirst du vielleicht überrascht sein – du könntest auch andere dazu inspirieren, das Richtige zu tun!

Lass niemanden auf dich herabsehen, weil du jung bist. Zeige anderen, was es bedeutet, mir nachzufolgen – durch deine Worte, deine Taten, deine Freundlichkeit, dein Vertrauen in mich und indem du gute Entscheidungen triffst (1. Timotheus 4,12).

Wenn du dich versucht oder unter Druck gesetzt fühlst, etwas Falsches zu tun, denk daran, dass du nicht der Einzige bist, der vor solch schwierigen Entscheidungen steht. Jeder Mensch macht solche Zeiten durch.

Aber hier ist mein Versprechen: Ich werde niemals zulassen, dass die Dinge zu schwer für dich werden. Und ich werde dir immer helfen, einen Ausweg zu finden, wenn du dich in einer kniffligen Situation befindest (1. Korinther 10,13).

Du kannst immer mit mir über diese schwierigen Situationen sprechen. Wenn du dir nicht sicher bist, was du tun sollst, frag mich einfach. Ich werde dir immer helfen, die Dinge zu klären. (Jakobus 1,5).

Wahre Stärke bedeutet nicht, niemals den Druck zu spüren – es geht darum, den Mut zu haben, du selbst zu sein.

Also bleib dir selbst treu. Lass dein einzigartiges Licht weiter leuchten. Du machst diese Welt heller, einfach nur, indem du so bist, wie du bist.

KAPITEL 7
DU BIST ACHTSAM

Meine kostbare Tochter,

ich sehe, wie viele Dinge deine Aufmerksamkeit fordern – Nachrichten von Freunden, Abgabetermine für die Hausaufgaben, Aktivitäten und all die Gedanken, die in deinem Kopf herumschwirren.

Ich weiß, dass der ständige Strom an Informationen und Meinungen überwältigend sein kann. Wenn der Lärm der Welt zu laut wird, wende dich an Mich. Wenn du Weisheit brauchst, um dich in dieser komplizierten Welt zurechtzufinden, wende dich an Mich. (Jakobus 1,5) Ich bin immer da, um dir zu helfen.

Wenn negative Einflüsse versuchen, deine Gedanken zu unterwandern, erinnere dich daran, wer du in Mir bist. Du bist Mein kostbares Kind, und niemand kann dich Mir entreißen. (Johannes 10,28) Lass dich nicht von den verletzenden oder lieblosen Worten anderer definieren.

Auch wenn andere nicht nett sind, kannst du dich dafür entscheiden, es zu sein. Nicht, weil es einfach ist, sondern weil du weißt, wer du bist.

DU BIST ACHTSAM

Wenn sich die Onlinewelt überwältigend anfühlt, denk daran, dass Ich dir einen Frieden anbiete, der alles übersteigt, was du verstehen kannst. Und dieser Friede wird dein Herz und deine Gedanken bewahren, während du in Christus Jesus lebst. (Philipper 4,7) Dieser Friede steht dir immer zur Verfügung, selbst wenn deine Benachrichtigungen verrücktspielen!

Wenn du dir Sorgen machst über das, was online passiert, atme tief durch und denk daran: Du kannst alles durch Mich tun. Ich werde dir Kraft geben. (Philipper 4,13)

Gönne deinem Geist regelmäßige Pausen von der Technik. In diesen ruhigen Zeiten kann Ich deinen Geist erneuern und dir Frieden schenken. Finde kleine Momente in deinem Tag, um innezuhalten, zu atmen und Meine Gegenwart zu spüren.

Ich habe dir einen Geist der Kraft, der Liebe und der Selbstdisziplin gegeben (2. Timotheus 1,7), was bedeutet, dass du wählen kannst, wann du still bist und wann du »jetzt nicht« sagst.

Dein Geist ist Mir kostbar und Ich möchte, dass du die Freude und den Frieden erlebst, die entstehen, wenn man sich auf gute Dinge konzentriert. Versuche, dich auf die guten Sachen zu konzentrieren – auf Dinge, die dich zum Lächeln bringen, die dich aufbauen, die gut und wahr und freundlich sind (Philipper 4,8).

Sei die Freundin, die anderen hilft, sich gut zu fühlen. Deine freundlichen Worte sind mächtiger, als du ahnst – sie können den schlechten Tag von jemandem in einen guten verwandeln oder ihm helfen, mutiger zu sein, wenn er Angst hat (1. Thessalonicher 5,11).

Du bist so viel mehr als deine Likes, Follower oder deine Online-Präsenz. Du bist Mein geliebtes Kind, und nichts in der digitalen Welt kann das ändern. Ruhe in dieser Wahrheit und lass sie Frieden in dein Herz und deinen Geist bringen.

KAPITEL 8
DU BIST BEGABT

Meine geliebte Tochter,

ich möchte, dass du weißt, dass du wundervoll geschaffen bist, und zwar für eine besondere Bestimmung. Lange bevor du geboren wurdest, hatte Ich schon wunderbare Pläne für dich. (Jeremia 1,5)

Ich habe dir besondere Gaben geschenkt (1. Petrus 4,10). Diese Gaben sind nicht nur Talente wie Singen oder Zeichnen – dazu gehören auch Dinge wie Freundlichkeit, Führungsqualitäten oder die Fähigkeit, gut zuzuhören.

Jeder hat andere Gaben (Römer 12,6). Vielleicht fragst du dich, was du gut kannst oder was deine Bestimmung ist. Mach dir keine Sorgen, wenn du noch nicht alle deine Gaben entdeckt hast. Das Spannende daran ist ja gerade, sie zu entdecken!

Nimm dir Zeit, neue Dinge auszuprobieren. Achte darauf, was dir Freude bereitet. Höre darauf, was andere an dir schätzen. Deine besonderen Eigenschaften sind Teil Meines Plans.

Bei deiner Bestimmung geht es nicht so sehr darum, was du tust, sondern darum, wer du wirst. Ich möchte, dass du wächst und Jesus immer ähnlicher wirst.

Manchmal fühlst du dich vielleicht unter Druck gesetzt, so zu sein wie alle anderen. Aber denk daran, Ich habe dich aus einem bestimmten Grund einzigartig gemacht. Passe dich nicht dem Verhalten und den Gewohnheiten dieser Welt an, sondern lass dich von Mir in einen neuen Menschen verwandeln, indem Ich die Art, wie du denkst, verändere. (Römer 12,2)

Wenn du nicht sicher bist, was du tun oder welchen Weg du einschlagen sollst, vergiss nicht, dass du immer zu Mir kommen kannst. Ich bin hier, bereit, dir zuzuhören und dich zu leiten.

Wenn du dir wegen deiner Gaben oder deiner Bestimmung unsicher bist, frag Mich einfach. Ich liebe es, wenn du mit deinen Fragen und Unsicherheiten zu Mir kommst. Ich werde niemals böse auf dich sein, weil du fragst (Jakobus 1,5). Stattdessen werde Ich Meine Weisheit großzügig mit dir teilen.

Deine Talente zu nutzen, um anderen zu helfen, ist eine wunderbare Art, Meine Liebe zu zeigen. (1. Petrus 4,10) Wenn du das tust, machst du nicht nur andere glücklich – du schenkst auch Mir eine Freude!

Ich kenne die Pläne, die Ich für dich habe. Es sind Pläne für Gutes und nicht für Unheil, um dir eine Zukunft und eine Hoffnung zu geben. (Jeremia 29,11)

Du bist einzigartig. Deine Gaben und Talente sind ein Spiegelbild Meiner Kreativität. Während du wächst und lernst, halte dein Herz offen für die Art und Weise, wie Ich in dir und durch dich wirke.

Vertraue Mir und habe keine Angst, mit den Gaben, die Ich dir geschenkt habe, hell zu leuchten. Du wirst geliebt, du wirst geschätzt und du hast eine wichtige Rolle in dieser Welt zu spielen.

KAPITEL 9
DU BIST EIN WAHRHEITSTRÄGER

Mein geliebtes Kind,

die Wahrheit wird dich frei machen. Das ist nicht nur ein Sprichwort – es ist Mein Versprechen an dich. Wenn du ehrlich lebst, wirst du eine Freiheit finden, die dir nichts anderes geben kann.

Ich bin der Gott der Wahrheit. Jedes Wort, das Ich spreche, ist wahr und vertrauenswürdig. Wenn Ich ein Versprechen gebe, halte Ich es immer. Du kannst dich auf Meine Worte verlassen, denn Ich kann nicht lügen.

So wie Ich wahrhaftig bin, habe Ich dich geschaffen, ein Träger der Wahrheit in dieser Welt zu sein. Wenn du siehst, dass etwas Falsches geschieht – dir oder jemand anderem –, versuche, deine Stimme zu finden, auch wenn es sich beängstigend anfühlt.

Wenn du ehrlich sprichst und aufrichtig lebst, spiegelst du Meinen Charakter wider. Du wirst wie ein helles Licht in einer manchmal dunklen Welt.

Denk daran, deine Worte haben Macht. Sie können Leben und Heilung bringen, oder sie können verletzen. Deshalb ermutige

DU BIST EIN WAHRHEITSTRÄGER

Ich dich, die Wahrheit in Liebe zu sagen. Wenn du das tust, hilfst du anderen zu wachsen, und du wächst auch.

Wahrhaftig zu leben ist nicht immer einfach. Erinnere dich in diesen Momenten daran, dass Ich alles sehe und immer da bin, um dir zu helfen, das Richtige zu wählen. Meine Kraft steht dir zur Verfügung, wann immer du sie brauchst.

Ich habe dir einen Geist der Kraft, der Liebe und der Besonnenheit gegeben. Dazu gehört auch die Kraft, ehrlich zu sein, selbst wenn es schwer ist. Du kannst immer zu Mir beten und um Hilfe bitten, um wahrhaftig zu sprechen und zu leben.

Ehrlich und aufrichtig zu sein, macht dich vielleicht nicht immer beliebt, aber es wird dich vertrauenswürdig machen. Und Vertrauen ist ein kostbares Geschenk, das du anderen machen kannst.

Wenn du einen Fehler machst – und das tut jeder manchmal –, dann gib ihn schnell zu. Es liegt eine Freiheit darin, die Wahrheit zu bekennen und um Vergebung zu bitten. Ich bin immer bereit, dir zu vergeben, und Ich werde dir auch helfen, die Dinge mit anderen wieder in Ordnung zu bringen.

Deine Stimme zählt. Deine Perspektive zählt. Wenn du mit Freundlichkeit und Mut deine Meinung sagst, wenn du für diejenigen eintrittst, die nicht für sich selbst eintreten können, kannst du Veränderung bewirken.

Denk daran, du bist nach Meinem Bild geschaffen. Ich habe Meine Wahrheit in dein Inneres gelegt. Lass dein Licht der Wahrheit in der Welt weiter leuchten, mein Liebling. Deine Ehrlichkeit kann Leben verändern und die Welt zu einem besseren Ort machen.

Ich glaube an dich, mein kleiner Wahrheitsträger. Halte an dem fest, was wahr, edel, richtig und rein ist. Wenn du das tust, wirst du an Charakterstärke gewinnen und Meinem Herzen nahe sein.

KAPITEL 10
DU BIST KREATIV

Meine kostbare Tochter,

in den allerersten Worten der Bibel – »Im Anfang schuf Gott ...« – habe ich mein schöpferisches Herz offenbart. Ich erfreue mich an Kreativität.

Ich habe die Welt erschaffen, damit sie von Schönheit und Freude erfüllt ist. Denk an die Bücher, die du liebst, die Musik, die dich bewegt, und die Kunst, die deine Seele berührt. All das ist entstanden, weil sich jemand getraut hat, etwas zu erschaffen. Jeder schöpferische Akt fügt der Welt etwas Schönes hinzu. Und du, meine kostbare Tochter, hast deine ganz eigene Schönheit, die du hervorbringen kannst.

Wahre Kreativität hat nicht nur mit Kunst oder Musik zu tun oder mit dem, was die Welt als »kreativ« bezeichnen würde. Es geht darum, etwas Neues in die Welt zu bringen – etwas, das es vorher nicht gab.

Wenn du eine Überraschung für einen Freund planst, eine Lösung für ein Problem findest oder sogar dein Zimmer auf eine neue Art und Weise einrichtest – dann fließt Kreativität durch dich. Jedes Mal, wenn du einen neuen Traum träumst oder dir neue Möglichkeiten ausmalst, spiegelst du meine schöpferische Natur wider.

Vielleicht fühlst du dich nicht kreativ. Vielleicht hat man dir gesagt, du seist »nicht der kreative Typ« oder »nicht künstlerisch begabt«. Aber ihre Worte definieren dich nicht, sondern ich.

Diese negativen Worte? Sie sind wie Ketten, die abfallen, wenn du die Wahrheit darüber annimmst, wer du wirklich bist – meine kreative Tochter, geschaffen nach meinem Ebenbild.

Ich habe dir deine ganz eigenen Wege gegeben, um kreativ zu sein und dich auszudrücken. Du musst nicht so sein wie jemand anderes oder der Definition von »kreativ« entsprechen, die andere haben. Deine Kreativität ist so einzigartig wie dein Fingerabdruck – ein besonderer Teil dessen, zu dem ich dich gemacht habe.

Denk daran, ich mache keine Fehler. Der kreative Funke in dir ist aus einem bestimmten Grund da. Es geht nicht darum, »die Beste« zu sein oder dich mit anderen zu vergleichen. Es geht darum, die Freude am Schaffen anzunehmen und dein Licht auf eine Weise leuchten zu lassen, wie nur du es kannst.

Diese kreativen Träume, die sich in deinem Herzen regen? Ich habe sie dorthin gelegt. Dieser Wunsch, etwas Schönes oder Bedeutungsvolles zu schaffen? Der kommt von mir.

Also wage diese kleinen kreativen Schritte, nach denen sich dein Herz sehnt. Probiere neue Dinge aus. Drücke dich aus. Hab keine Angst, Fehler zu machen – sie sind Teil der kreativen Reise.

Du bist mein Kind, meine Kreativität lebt in dir. Du bist ein Meisterwerk im Entstehen. Lass deiner Kreativität freien Lauf, in dem Wissen, dass sie von mir kommt.

KAPITEL 11
DU BIST GÜTIG

Mein liebes Kind,

ich habe dir eine besondere Gabe geschenkt – ein Herz, das sich tief um andere sorgt. Diese Gabe ist die Güte, und sie ist ein wunderschönes Spiegelbild dessen, wer ich bin. Ich bin reich an Güte, Nachsicht und Geduld. (Römer 2,4)

Wenn du siehst, wie jemand leidet, und du in deinem Herzen den Drang verspürst zu helfen, dann ist das Güte. Es ist dein Herz, das auf den Schmerz oder den Kampf eines anderen eingeht. Dieses Gefühl ist für mich kostbar, denn es zeigt mir, dass du mir immer ähnlicher wirst.

Manchmal macht es dich vielleicht traurig oder sogar überfordert, gütig zu sein. Das ist in Ordnung. Auch Jesus war vom Leid, das er sah, bewegt. Als er die Menschenmengen sah, hatte er Mitleid mit ihnen, denn sie waren erschöpft und hilflos wie Schafe ohne Hirten. (Matthäus 9,36)

Dein gütiges Herz lässt dich Dinge vielleicht stärker empfinden als andere. Womöglich möchtest du weinen, wenn du jemand anderen weinen siehst, oder du bist bestürzt, wenn du hörst, dass jemand ungerecht behandelt wird. Schäme dich nicht für diese Gefühle. Sie sind ein Zeichen dafür, dass du ein weiches Herz hast, genau wie ich.

Denk daran, ich habe dich auserwählt, mein Eigen zu sein. Darum kleidet euch mit herzlichem Erbarmen, mit Güte, Demut, Milde und Geduld. (Kolosser 3,12) Diese Eigenschaften beginnen in deinem Herzen, und deine Güte hilft ihnen zu wachsen.

Es wird vielleicht Zeiten geben, in denen du das Gefühl hast, die großen Probleme, die du siehst, nicht lösen zu können. Das macht nichts. Bei der Güte geht es nicht darum, alles in Ordnung zu bringen; es geht darum, sich zu sorgen.

Dein gütiges Herz gibt dir manchmal vielleicht das Gefühl, anders zu sein als die anderen. Manche Leute verstehen vielleicht nicht, warum du dich so sehr sorgst. Aber ich möchte, dass du weißt, dass diese Sensibilität eine Stärke ist, keine Schwäche. Sie ist ein Teil dessen, wie ich dich erschaffen habe.

Während du wächst, wird auch deine Güte wachsen. Du wirst lernen, wie du ein Gleichgewicht findest zwischen tiefem Mitgefühl und dem Achten auf dich selbst. Denk daran, Jesus zog sich oft allein zurück, um sich auszuruhen und zu beten. Es ist in Ordnung, wenn du dasselbe tust, wenn dein Herz sich schwer anfühlt.

Vergiss niemals: Dein gütiges Herz ist eine Gabe. Deine Güte ist keine Schwäche; sie ist Stärke. Sie erlaubt dir, andere so zu lieben, wie ich sie liebe. Und indem du Güte zeigst, wirst du meine Liebe zu dir noch besser verstehen. Liebt einander, so wie ich euch geliebt habe. (Johannes 13,34)

Dir wurde ein sanftes und weiches Herz gegeben, mein Kind. Schätze diese Gabe, schütze diese Sanftheit und sieh zu, wie sie zu einer Kraft wird, die mächtiger ist als jede Härte, die die Welt dir entgegenwerfen kann.

Dein gütiges Herz ist meine sichtbar gewordene Liebe.

KAPITEL 12
DU BIST MUTIG

Mein geliebtes Kind,

in den Stürmen des Lebens fragst du dich vielleicht, wo du Kraft finden kannst. Manchmal, wenn der Weg vor dir dunkel und ungewiss scheint, fragst du dich vielleicht, ob dein Glaube stark genug ist.

Selbst wenn dir dein Glaube klein erscheint, denk daran, dass ich Großes durch ihn bewirken kann. Als die Jünger einem Sturm ausgesetzt waren, nutzte Jesus ihren winzigen Glauben, um Großes zu vollbringen. Du brauchst keinen riesigen Glauben – du musst nur deinen kleinen Glauben in mich setzen. Wenn dein Glaube auch nur so groß ist wie ein Senfkorn, wird dir nichts unmöglich sein. (Matthäus 17,20)

Wenn du dich schwach fühlst, denk daran: Meine Stärke lebt in dir. Also, sei stark und mutig. Fürchte dich nicht ... denn ich gehe mit dir; ich werde dich niemals verlassen oder im Stich lassen. (5. Mose 31,6)

Wenn sich Zweifel einschleichen oder die Umstände erdrückend anfühlen, denk daran, dass ich dich halte. Genau dann kann meine Stärke am hellsten leuchten. Meine Kraft wird in der

Schwäche vollendet. (2. Korinther 12,9) Dein Mut besteht nicht darin, furchtlos zu sein – er besteht darin, mir zu vertrauen, selbst wenn du Angst hast.

Du denkst vielleicht, dass andere mutiger sind als du, aber wahrer Mut zeigt sich oft darin, einen kleinen Schritt zu tun, während dein Herz bis zum Hals schlägt. Es ist in Ordnung, Angst zu haben. Selbst große Glaubenshelden hatten Momente der Furcht. Aber sie behielten ihren Blick auf mich gerichtet, und ich trug sie hindurch. Dasselbe werde ich für dich tun.

Erinnere dich daran, was ich dich schon alles habe durchstehen lassen. Jedes Mal, wenn du mir in schwierigen Zeiten vertraut hast, ist dein Glaube stärker geworden. Diese Herausforderungen sind nicht einfach, aber sie helfen dir, ein tieferes Vertrauen in mich zu entwickeln.

In schwierigen Zeiten musst du nicht so tun, als wärst du stark. Komm zu mir mit deinen Ängsten, deinen Tränen, deinen Fragen. Schütte mir dein Herz aus. Ich bin dein sicherer Ort, deine Zuflucht, deine Stärke in Zeiten der Not.

Denk daran, du bist mutig, weil du weißt, wer dich hält, selbst in deiner Angst. Du bist mutig, weil ich in dir lebe. Mein Geist gibt dir eine Kraft, die deine eigene übersteigt (2. Timotheus 1,7).

Vertraue heute auf meine Liebe. Lass meine Stärke dein Mut sein. Denk daran, du gehst diesen Weg nicht allein – ich bin genau hier bei dir, bei jedem Schritt auf dem Weg.

KAPITEL 13
DU WIRST GEHALTEN

Mein geliebtes Kind,

ich habe gute Pläne für dich – Pläne zum Guten und nicht zum Unheil, um dir eine Zukunft und eine Hoffnung zu geben. (Jeremia 29,11) Nur weil etwas nicht so geklappt hat, wie du es dir vorgestellt hast, heißt das nicht, dass es gar nicht gut ausgehen wird. Ich sehe das große Ganze und füge immer alles zu deinem Besten.

Ich weiß, es gibt Zeiten, da läuft es nicht so, wie du es dir erhofft hast, aber ich möchte, dass du dich an etwas Wichtiges erinnerst: Du bist in keiner Situation allein. Ich halte dich in jedem Augenblick. Meine Arme sind immer um dich gelegt, bereit, dich zu trösten und zu stärken.

Wenn du dich enttäuscht oder im Stich gelassen fühlst, ruhe dich in meiner Umarmung aus. Schütte mir dein Herz aus, mach mich zu deiner Zuflucht. (Psalm 62,8) Du kannst mir alles sagen – deinen Frust, deine Traurigkeit, deine Wut. Ich kann all deine Gefühle halten.

Denke auch in deinen dunkelsten Momenten daran, dass ich das, was schlecht scheint, in etwas Gutes verwandeln kann. Was andere dir als Böses zugedacht haben, kann ich zum Guten wenden. (Genesis 50,20) Das ist ein Versprechen, an dem du dich festhalten kannst, wenn das Leben sich überwältigend anfühlt.

Es ist in Ordnung, traurig zu sein, wenn du enttäuscht bist. Wenn dein Herz schmerzt, wisse, dass ich dir nahe bin.

Egal, was passiert, versuche, etwas zu finden, wofür du dankbar sein kannst. (1. Thessalonicher 5,18) Das heißt nicht, dass du dich über schwierige Situationen freuen musst, aber es ist eine Einladung, trotzdem etwas zu finden, wofür du dankbar sein kannst.

Wenn schwere Zeiten kommen, denke daran, dass du nicht allein bist. Ruhe dich in meiner Umarmung aus. Meine Liebe zu dir ist wie ein starker Anker, der dich festhält, selbst wenn sich alles wackelig anfühlt. Nichts wird dich jemals von meiner Liebe trennen können (Römer 8,39).

Wenn du auf mich vertraust, wirst du eine neue Kraft in dir finden. Du wirst dich hoch über deine Sorgen erheben, wie ein Adler. Du wirst auf deine Ziele zulaufen, ohne müde zu werden, und du wirst durch Herausforderungen gehen, ohne aufzugeben. (Jesaja 40,31)

Mein Kind, ich habe meine Stärke in dich hineingelegt. Wenn du dich also enttäuscht fühlst, atme tief durch, erinnere dich daran, wie sehr ich dich liebe, und vertraue auf mich für die Kraft und Geduld, die du brauchst.

Vergiss niemals, du bist für mich kostbar. Du bist in meinen Armen sicher, mein Kind. Daran wird sich niemals etwas ändern.

Du wirst gehalten, mein kostbares Kind – heute, morgen und für immer.

KAPITEL 14
DU BIST ANGENOMMEN

Meine kostbare Tochter,

Fehler zu machen, gehört zum Leben dazu. Aber deine Fehler bestimmen nicht, wer du bist.

Jeder macht Fehler. Jeder. Der Unterschied liegt darin, wie du auf diese Momente reagierst. Meine Liebe zählt deine Fehler nicht mit. Sie klammert sich nicht an deine Fehler oder benutzt sie, um dich klein zu machen. Stattdessen ist meine Liebe wie eine sanfte Hand, die dir wieder aufhilft, dich abklopft und sagt: »Lass es uns noch einmal versuchen.«

Wenn die Scham dir Lügen zuflüstert, wie »Du bist nicht gut genug«, dann denk daran, dass ich einen unvorstellbaren Preis bezahlt habe, um dich wiederherzustellen. Nicht, weil du es verdient hast, sondern weil du mir kostbar bist. Ich habe mein Leben für dich gegeben, damit du vollständig in meine Familie aufgenommen wirst (Johannes 3,16).

Ich möchte, dass du weißt, dass meine Gnade größer ist als dein größter Fehler. Meine Liebe ist stärker als dein Versagen.

DU BIST ANGENOMMEN

Die Gnade gibt dir eine zweite Chance, selbst wenn du denkst, dass du sie nicht verdienst. Es ist, als bekämst du einen Freifahrtschein, nicht, weil du ihn dir verdient hast, sondern weil ich dich so sehr liebe.

Gnade ist ein Geschenk, das dir frei gegeben wird. Du musst sie dir nicht verdienen oder ihrer würdig sein. Sie gehört dir aufgrund meiner großen Liebe zu dir (Epheser 2,8-9).

Die Gnade ignoriert deine Fehler nicht – sie deckt sie vollständig zu. Sie versteckt sie nicht nur, sie verwandelt sie. Jeder Fehler, jeder Moment der Scham – ist zugedeckt.

Die Welt wird dir sagen, dass du dir deinen Wert verdienen musst. Dass du perfekt sein musst, um geliebt zu werden. Aber du wirst genau da geliebt, wo du bist, und genau so, wie du bist. Meine Liebe wartet nicht darauf, dass du alles richtig machst. Meine Liebe ist es, die dir hilft, mehr zu werden.

Manchmal ist die Person, der man am schwersten vergeben kann, man selbst. Du spielst deine Fehler immer wieder ab wie einen Film, der einfach nicht aufhört.

Sich selbst zu vergeben, ist keine Schwäche. Es ist nicht der einfache Weg. Es erfordert Mut und Stärke, seine Fehler anzusehen, sie anzuerkennen und sich dann dafür zu entscheiden, zu glauben, dass sie einen nicht definieren.

Mein Kind, du bist nicht die Summe der Momente, in denen du Mist gebaut oder Fehler gemacht hast. Du bist meine geliebte Tochter, mit einem Ziel erschaffen, bedingungslos geliebt.

Also, vergib dir selbst. Sprich freundlich mit dir selbst. Behandle dich selbst mit Liebe und Mitgefühl. Akzeptiere dich. Genauso, wie ich dich annehme.

Du bist geliebt und angenommen. Vollständig. Bedingungslos. Ewig. Finde Ruhe in dieser Wahrheit.

KAPITEL 15
DU BIST UNAUFHALTSAM

Meine mutige Tochter,

Ich weiß, dass das Leben dir manchmal das Gefühl gibt, klein oder unbedeutend zu sein. Die Welt versucht vielleicht, dich mit Etiketten oder geringen Erwartungen einzuschränken. Aber ich möchte, dass du weißt, dass Meine Kraft in dir grenzenlos ist. Ich vermag unendlich viel mehr zu tun, als du jemals bitten oder dir vorstellen könntest, durch Meine Kraft, die in dir wirkt. (Epheser 3,20)

Wusstest du, dass dieselbe Kraft, die Jesus von den Toten auferweckt hat, in dir lebt? (Epheser 1,19-20) Das ist richtig – wenn du Mich in dein Herz aufgenommen hast, fließt Auferstehungskraft durch deine Adern!

Diese Kraft ist größer als jede andere Macht im Universum. Kein Problem, kein Feind, keine Herausforderung kann der unglaublichen Kraft Meines Geistes in dir standhalten. (Römer 8,31)

Jesus demonstrierte diese unaufhaltsame Kraft, als Er die Kranken heilte, die Stürme besänftigte und die Toten auferweckte. Und Er versprach, dass du noch größere Dinge tun würdest als Er, weil Er zum Vater ging. (Johannes 14,12) Das ist die Art von Kraft, zu der du Zugang hast!

Wenn du also vor Hindernissen stehst, die zu groß erscheinen, wenn du mit Umständen konfrontiert bist, die hoffnungslos scheinen, erinnere dich an die Kraft, die den Tod besiegt und in dir wohnt. Glaube daran, dass Ich das Unmögliche in dir und durch dich tun kann.

Mein Kind, der Feind mag versuchen, dich zu entmutigen, dich an deiner Stärke zweifeln zu lassen. Aber denke immer daran: Der, der in dir ist, ist größer als der, der in der Welt ist. (1. Johannes 4,4) Keine Waffe, die gegen dich geschmiedet wird, wird erfolgreich sein. (Jesaja 54,17) Mit Mir bist du unaufhaltsam!

Denk daran, du kämpfst nicht für den Sieg; du kämpfst aus dem Sieg heraus. Ich habe die entscheidende Schlacht durch Meinen Tod und Meine Auferstehung bereits gewonnen. Du bist auf der Siegerseite! Also gehe voller Zuversicht in dem Wissen, dass dich nichts besiegen kann, wenn du in Mir bist.

Du bist unaufhaltsam, Mein Kind. Nicht aus deiner eigenen Macht oder wegen deiner Fähigkeiten, sondern wegen des mächtigen Geistes, der in dir lebt. Du hast Auferstehungskraft, weltverändernde Kraft, die durch dein Wesen fließt.

Also erhebe dich, Tochter. Geh weiter vorwärts im Glauben und wisse, dass mit Mir alle Dinge möglich sind. (Matthäus 19,26) Erhebe dich in der Kraft Meiner Macht. Lass Meine Stärke deine Zuversicht sein. Du bist unaufhaltsam, weil Meine unaufhaltsame Kraft in dir ist.

KAPITEL 16
DU BIST GEDULDIG UND AUSDAUERND

Mein kostbares Kind,

ich weiß, dass es manchmal schwer sein kann zu warten – darauf, dass Träume sich entfalten, dass Gebete erhört werden, dass Veränderungen eintreten.

In einer Welt, in der alles sofort verfügbar ist, kann Geduld wie eine verlorene Kunst erscheinen. Aber beim Warten geht es nicht nur darum, die Zeit totzuschlagen – es geht darum, stärker zu werden.

Denk daran, wie ein winziger Samen geduldig in der dunklen Erde wartet, bevor er zum Sonnenlicht durchbricht. Jeder Tag unter der Erde ist nicht verschwendet – er schlägt stärkere Wurzeln. Das ist es, was Geduld auch in deinem Leben bewirkt.

Wenn du aufgeben möchtest, wenn die Dinge länger dauern, als du gehofft hast, oder wenn deine Gebete nicht sofort erhört zu werden scheinen, denk daran, meine kostbare Tochter, dass Wartezeit niemals verschwendete Zeit ist. Diese Momente der Geduld sind meine Zeit der Vorbereitung. Ich wirke hinter den Kulissen auf eine Weise, die du noch nicht sehen kannst, und arrangiere alles zu deinem Besten, um dir zu helfen, stärker zu werden.

Wenn deine Gebete unbeantwortet zu bleiben scheinen, vertraue darauf, dass ich wirke, auch wenn du es nicht sehen kannst. Wenn du schwere Zeiten durchmachst – jene Tage, die deinen Glauben auf die Probe stellen und dein Herz herausfordern –, wisse, dass jede Prüfung, der du dich stellst, dir hilft, stärker zu werden und dich lehrt, durchzuhalten.

Bei Geduld geht es nicht darum, die Zähne zusammenzubeißen oder sich mit aller Kraft durchzukämpfen – es geht darum, meinem Zeitplan zu vertrauen. Ich habe alles zu seiner Zeit schön gemacht. (Prediger 3,11) So wie ein geschickter Töpfer genau weiß, wie lange er den Ton auf der Scheibe lassen muss, weiß ich genau, wie lange die Umstände dich formen müssen.

In jenen Momenten, in denen das Warten unerträglich scheint, lehne dich an meine Stärke an. Die Frucht meines Geistes, der in dir lebt, ist auch Geduld. (Galater 5,22) Das bedeutet, dass du die Geduld nicht aus eigener Kraft aufbringen musst – sie wächst von allein, wenn du mit mir verbunden bleibst.

Denk daran, dass Geduld keine Schwäche ist – sie ist stille Stärke. Setze deine Hoffnung auf mich. Jedes Mal, wenn du dich entscheidest, meinem Zeitplan zu vertrauen, anstatt vorzupreschen, wirst du stärker.

Sei geduldig, mein Kind. Erlaube meinem Geist, in dir zu wirken und dich zu lehren, meinem perfekten Zeitplan zu vertrauen. Lass geduldige Stärke Tag für Tag in dir wachsen, in dem Wissen, dass ich treu bin, das gute Werk zu vollenden, das ich in dir begonnen habe.

Fasse Mut, mein geliebtes Kind. Deine geduldige Ausdauer erschafft etwas Wunderschönes in dir – einen Glauben, der dich durch jeden Sturm tragen wird, und eine Stärke, die ein Leben lang hält.

KAPITEL 17
DU BIST GROSSZÜGIG

Mein kostbarer Schatz,

ich bin ein Gott, der es liebt zu geben, und ich liebe es, dir zu geben, mein Kind.

Ich möchte dir eine wunderschöne Wahrheit über Großzügigkeit erzählen: Sie ist ein Spiegelbild meines Herzens. Wenn du mit einem Geist der Großzügigkeit lebst, spiegelst du meinen Charakter in der Welt wider.

Bei Großzügigkeit geht es um so viel mehr als um Geld oder Besitztümer. Es geht darum, von dir selbst zu geben – deine Zeit, deine Talente, deine Anwesenheit, dein Herz. Es geht darum, authentisch aufzutreten und die einzigartigen Gaben zu teilen, die ich dir gegeben habe.

Wenn du dein ehrliches Lächeln schenkst, ein offenes Ohr hast und mitfühlende Worte sprichst, machst du unbezahlbare Geschenke, die das Leben eines anderen Menschen verändern können.

Ich weiß, dass es sich manchmal riskant anfühlen kann, großzügig zu sein. Du fragst dich vielleicht, ob du genug Zeit, genug

Energie und genug Ressourcen für dich selbst haben wirst, wenn du anderen gibst.

Aber wenn du mir etwas zurückgibst, wenn du mir deine Ressourcen und dein Herz anvertraust, werde ich Segen in dein Leben ausgießen (Maleachi 3,10). Nicht nur materiellen Segen, sondern auch Segen in Form von Freude, Frieden, Sinn und Versorgung.

Großzügig zu sein ist ein Akt des Glaubens. Es ist der Glaube daran, dass ich für dich sorgen werde, während du dich um andere kümmerst. Es ist das Vertrauen darauf, dass ich dir alles gegeben habe, was du brauchst, um einen Unterschied zu machen, und dass ich dich immer wieder auffüllen werde, während du gibst.

Ich erfreue mich an Großzügigkeit, meine Tochter. Es bereitet mir große Freude zu sehen, wie du meine Liebe und meinen Segen mit der Welt teilst.

Wenn du aus dem Überfluss dessen gibst, was ich dir gegeben habe, zeigst du der Welt einen Schimmer meines großzügigen Herzens. Halte weiter nach Gelegenheiten Ausschau, zu geben – deine Anwesenheit, deine Geschichte zu teilen, Mitgefühl zu zeigen – um aufrichtig und großzügig du selbst zu sein.

Ich liebe dich mit einer unaufhaltsamen, großzügigen Liebe. Und es ist diese unendliche Liebe, die dich befähigt, mit offenen Händen und einem offenen Herzen zu leben. Also gib mit Freude, gib mit Glauben, gib mit der Zuversicht, dass ich immer für das sorgen werde, was du brauchst.

Und vergiss niemals, meine Tochter: dein großzügiges Herz, dein authentischer Geist, deine einzigartige Gegenwart – all das sind Geschenke, die die Welt braucht. Wenn du von dir selbst gibst, bewirkst du nicht nur einen Unterschied; du bist der Unterschied.

KAPITEL 18
ICH KENNE DICH

Meine kostbare Tochter,

lange bevor du deinen ersten Atemzug tatest, kannte ich dich. Noch bevor du in den Gedanken deiner Eltern überhaupt existiertest, warst du bereits ein Traum in meinem Herzen. Ich kannte dich, noch ehe ich dich im Mutterleib bildete (Jeremia 1,5).

Ja! Der Gott des Universums, derjenige, der die Sonnenuntergänge malte und die Sterne verstreute, kannte dich aufs Innigste, noch bevor du überhaupt geboren wurdest. Ich kenne jedes Detail deines Lebens von Anfang an.

Ich weiß alles über dich. Ich kenne die Zahl der Haare auf deinem Kopf (Lukas 12,7). Ich kenne deine Lieblingsfarbe und das Lied, das dich zum Tanzen bringt. Ich kenne deine Hoffnungen und deine Ängste, deine Stärken und deine Sorgen.

Aber das hier wird dich vielleicht überraschen: Weil ich alles über dich weiß, liebe ich dich nur noch mehr. Meine Liebe zu dir hängt nicht von deiner Leistung oder deiner Perfektion ab. Sie gründet sich darauf, wer ich bin und als wen ich dich erschaffen habe.

ICH KENNE DICH

Ich kenne die Pläne, die ich für dich habe (Jeremia 29,11). Pläne, die dir Hoffnung und eine Zukunft geben. Pläne, jeden Teil deiner Geschichte für etwas Wunderschönes zu verwenden. Sogar die Kapitel, die sich chaotisch oder schmerzhaft anfühlen – ich kann auch sie zu einer Geschichte der Erlösung verweben.

Wenn du dich missverstanden oder allein fühlst, erinnere dich daran, dass ich dich sehe. Ich verstehe dich. Ich verstehe jeden Winkel deines Herzens, sogar die Teile, die du vor allen anderen versteckst. Ich kenne dich voll und ganz und liebe dich voll und ganz.

An den Tagen, an denen du an dir selbst zweifelst, an denen du deinen Wert oder deinen Sinn infrage stellst, komm auf diese Wahrheit zurück: Derjenige, der dich am besten kennt, liebt dich am meisten. Meine Liebe zu dir basiert nicht auf dem, was du tust, sondern darauf, wer du bist – meine kostbare, unersetzliche Tochter.

Ich bin in jedem Augenblick bei dir, in jeder Lebensphase. Ich kenne deine Vergangenheit, deine Gegenwart und deine Zukunft. Und bei all dem ändert sich meine Liebe zu dir niemals. Es ist eine Liebe, die stärker ist als deine tiefste Angst, größer als dein größter Fehler und beständiger als der Sonnenaufgang.

Also ruhe dich heute in der wunderschönen Wahrheit aus, dass man dich kennt – ganz und gar, vollkommen, zutiefst gekannt vom Gott, der dich grenzenlos liebt. Lass diese Erkenntnis dich mit Frieden erfüllen, mit Freude, mit dem unerschütterlichen Selbstvertrauen eines Mädchens, das weiß, dass es für immer unendlich geschätzt wird.

Man kennt dich, kostbare Tochter. Jeden Teil von dir. Und du wirst zutiefst, leidenschaftlich und ewig geliebt. Vergiss das niemals.

KAPITEL 19
DU BIST KOSTBAR

Meine kostbare Tochter,

weißt du, wie kostbar und wertvoll du für Mich bist? Ich möchte, dass du heute eine lebensverändernde Wahrheit verstehst: Dein Wert beruht nicht auf dem, was die Welt für wertvoll hält. Es geht nicht um deine Noten, dein Aussehen, deine Beliebtheit oder deine Leistungen. Dein Wert entspringt Meiner großen Liebe zu dir.

Weißt du, Ich liebe dich so sehr, dass Ich bereit war, den höchsten Preis zu zahlen, um dich zu Meinem Kind zu machen. Ich habe Meinen einzigen Sohn hingegeben, um dich für immer in Meine Familie aufzunehmen. So viel bedeutest du Mir. So wertvoll bist du in Meinen Augen.

Die Welt mag versuchen, deinem Wert aufgrund allerlei oberflächlicher Dinge ein Preisschild anzuhängen. Aber Ich möchte, dass du dich so siehst, wie Ich dich sehe – als einen seltenen und unschätzbaren Schatz.

Wenn du deinen wahren Wert verstehst, ändert das alles. Du musst nicht der Anerkennung anderer hinterherjagen, denn du hast bereits Meine bedingungslose Liebe. Du musst dich mit niemand anderem vergleichen, denn du bist einzigartig von Mir geschaffen. Du kannst voller Zuversicht deinen Weg gehen, in dem Wissen, dass der König des Universums dich Seine geliebte Tochter nennt.

Ich weiß, es mag Tage geben, an denen du dich nicht wertvoll fühlst. Du fühlst dich vielleicht übersehen, nicht wertgeschätzt oder sogar wertlos. Aber diese Gefühle ändern nichts an der Tatsache, wie kostbar du für Mich bist. Erinnere dich in diesen Momenten an das Kreuz – den ultimativen Beweis deines Wertes für Mich.

Ich habe dich so sehr geliebt, dass Ich Meinen einzigen Sohn für dich hingegeben habe. Ich habe den höchsten Preis bezahlt, um dich zu Meinem Kind zu machen (1. Korinther 6,20). Du bist wertvoller als Gold, Silber oder Diamanten. Dein Wert beruht auf Meiner verschwenderischen, aufopfernden, unendlichen Liebe. Und nichts kann das jemals ändern.

Wenn du anfängst, deinen Wert mit Meinen Augen zu sehen, wirst du eine neue Freiheit finden. Meine Liebe ist nichts, was du dir erarbeiten musst; sie ist ein Geschenk, das dir frei gegeben wird.

Also trage deinen Kopf heute hoch, Meine Tochter. Gehe aufrecht. Du bist kostbar und wirst vom König geschätzt. Du bist wertvoll, nicht nach den sich ständig ändernden Maßstäben der Welt, sondern durch die unveränderliche Realität Meiner Liebe zu dir.

Du bist ein unbezahlbares Meisterwerk, ein unersetzlicher Schatz. Und nichts wird das jemals ändern. Ich bin immer bei dir und feiere den kostbaren Wert, den Ich in dich hineingelegt habe.

KAPITEL 20
DIR IST VERGEBEN

Mein geliebtes Kind,

ich sehe den Schmerz in deinem Herzen. Der Schmerz, der von anderen verursacht wird, kann sich überwältigend anfühlen. Aber in mir kannst du die Kraft finden, zu vergeben. Noch während du ein Sünder warst, habe ich meine Liebe zu dir dadurch gezeigt, dass ich Christus gesandt habe, um für dich zu sterben. (Römer 5,8)

Meine Vergebung für dich ist vollständig, bedingungslos und ewig. Als du zu mir kamst, habe ich dir all deine Sünden vergeben – vergangene, gegenwärtige und zukünftige. Ich habe sie so weit von dir entfernt, wie der Osten vom Westen entfernt ist. (Psalm 103,12) Ist das nicht wunderbar? Egal, was du getan hast, meine Vergebung steht dir immer zur Verfügung. Du musst nur darum bitten, und ich werde dich von aller Ungerechtigkeit reinigen. (1. Johannes 1,9)

Ich weiß, dass es nicht leicht ist, anderen zu vergeben – aber es ist der Weg zu Freiheit und Freude. Wenn du dich entscheidest zu vergeben, spiegelst du meinen Charakter für die Welt wider. Du zeigst anderen, wie meine Liebe in Aktion aussieht.

DIR IST VERGEBEN

Sei nicht entmutigt, wenn du nicht sofort vergeben kannst. Es ist ein Weg, den wir gemeinsam gehen. Vielleicht musst du siebzigmal siebenmal vergeben – genau wie ich dir vergebe. (Matthäus 18,22) Ich bin da und helfe dir bei jedem Schritt.

Vergeben bedeutet nicht, zu vergessen oder so zu tun, als wäre der Schmerz nie geschehen. Es bedeutet, demjenigen, der dich verletzt hat, seine Schuld zu erlassen, so wie ich deine Schuld getilgt habe. (Kolosser 2,14) Denk daran, dass ich dir alles vergeben habe. Lass dir davon helfen, anderen zu vergeben.

Wenn dir das Vergeben unmöglich erscheint, verlass dich auf mich. Meine Gnade genügt dir, und meine Kraft wird in deiner Schwäche vollkommen. (2. Korinther 12,9) Lass meine Liebe durch dich fließen, die Heilung in dein Herz bringt und das Leben der Menschen um dich herum berührt.

Indem du vergibst, wirkst du an meinem Reich mit. Du durchbrichst den Kreislauf der Bitterkeit und verbreitest meinen Frieden. So kannst du mein Friedensstifter in einer Welt voller Konflikte sein. (Matthäus 5,9)

Denk daran, mein Kind, dir ist vergeben. Lass diese Wahrheit dein Herz durchdringen: Es gibt jetzt keine Verdammnis mehr für die, die in Christus Jesus sind. (Römer 8,1) Aus dieser Gewissheit heraus, dass dir völlig vergeben ist, erweise anderen dieselbe Gnade. Vertraue darauf, dass ich dich führe. Ich bin immer bei dir und gebe dir die Kraft, so zu vergeben, wie ich dir vergeben habe.

KAPITEL 21
DU BIST AUSERWÄHLT

Meine kostbare Tochter,

du bist auserwählt. Handverlesen. Ausgewählt. Für etwas Besonderes bestimmt. Nicht wegen irgendetwas, das du getan hast, sondern weil ich bin, der ich bin, und weil ich dich so sehr liebe.

Deine Existenz ist kein Zufall. Ich habe dich mit großer Absicht und Liebe erwählt und erschaffen.

Lange bevor du geboren wurdest, kannte ich dich. Ich formte dich im Leib deiner Mutter mit großer Sorgfalt und einem Ziel vor Augen. Ich wählte dich, um mein besonderer Schatz zu sein, mein geliebtes Kind. (Psalm 139,13-16)

In einer Welt, die den Wert eines Menschen oft an Beliebtheit, Erfolgen oder dem Aussehen misst, denk daran, dass dein Wert von mir kommt. Ich wähle nicht nach äußerlichen Merkmalen, sondern ich sehe auf das Herz. (1. Samuel 16,7)

Vielleicht fragst du dich manchmal: »Warum ich?« Vielleicht bist du dir deines Platzes, deiner Bestimmung unsicher. Aber ich möchte, dass du weißt, dass ich einen Plan für dich habe, ein

DU BIST AUSERWÄHLT

Schicksal, das nur du erfüllen kannst. Ich habe dich auserwählt, ein Teil meiner Geschichte zu sein, um in dieser zerbrochenen Welt einen Unterschied zu machen.

Du bist auserwählt. Nicht, weil du perfekt bist, sondern weil du vollkommen geliebt wirst. Ruhe in dieser Identität, lass sie jeden Teil deines Seins durchdringen.

Meine Wahl beruht nicht auf deiner Stärke, deiner Weisheit oder deiner Perfektion. Tatsächlich erwähle ich oft die, welche die Welt vielleicht geringschätzt, um meine Macht und Gnade zu zeigen. (1. Korinther 1,27-29)

Wenn du dich schwach fühlst, erinnere dich daran, dass ich stark bin. Wenn du dich unzulänglich fühlst, denk daran, dass ich mehr als genug bin. Ich habe dich nicht erwählt, weil du perfekt bist, sondern weil ich in dir perfekt bin. Meine Kraft erstrahlt am hellsten in deiner Schwäche. (2. Korinther 12,9)

Du bist niemals allein. Ich bin immer bei dir, leite deine Schritte und führe dich in die wundervolle Zukunft, die ich für dich geplant habe.

Auserwählt zu sein bedeutet nicht, dass das Leben immer einfach sein wird. Es wird Herausforderungen, Hindernisse und Momente des Zweifels geben. Aber erinnere dich in jeder Situation daran, dass ich dich erwählt habe und immer an deiner Seite sein werde. Nichts kann dich von meiner Liebe trennen. (Römer 8,38-39)

Also geh heute mit erhobenem Haupt. Geh voller Zuversicht, nicht in deine eigenen Fähigkeiten, sondern in die unerschütterliche Wahrheit meiner Wahl. Du bist gewollt. Du bist wertvoll. Du bist für Großes bestimmt.

Du bist mein auserwählter Schatz, meine kostbare Tochter. Vergiss niemals, wie kostbar und wertvoll du bist.

KAPITEL 22
DU BIST VERANKERT

Mein wunderschönes Kind,

manchmal fühlt sich die Welt friedlich und sicher an, aber manchmal kann sich das Leben wie ein Sturm auf hoher See anfühlen – Wellen der Veränderung schlagen um dich herum und die Winde der Ungewissheit wehen stark.

In diesen Momenten möchte ich, dass du dich an eine unveränderliche Wahrheit erinnerst: Ich bin dein starker und unzerbrechlicher Anker. (Hebräer 6,19 TPT) Du bist nicht durch deine eigene Kraft verankert, sondern durch meine. Ich bin es, der dich festhält, so wie ein Anker ein Schiff selbst im heftigsten Sturm sicher hält.

Wenn sich alles um dich herum zu verändern scheint, bleibt meine Liebe zu dir zu jeder Jahreszeit beständig und unveränderlich.

Mein geliebtes Kind, ich weiß, dass die Wellen der Veränderung dein Herz unruhig werden lassen können, wie ein kleines Boot auf unruhiger See. Aber ich bin genau hier und halte dich bei jeder Veränderung sicher.

DU BIST VERANKERT

In mir hast du einen Felsen, der nicht erschüttert werden kann, eine Festung, die in jedem Sturm standhält. (Psalm 62:6) Wenn sich alles unsicher anfühlt, lass diese Wahrheit dein Herz verankern: Ich bin dein unerschütterlicher Fels, dein sicherer Hafen im Sturm.

Du kannst mir immer dein Herz ausschütten – deine Ängste, deine Verwirrung, deine Fragen an die Zukunft. Und weißt du was? Ich liebe es, wenn du das tust. (Psalm 62:8) Bei mir musst du nie so tun, als wärst du tapfer. Ich bin stark genug, um all deine Gefühle, all deine Ängste und all deine Gedanken über die Zukunft anzunehmen.

Denk daran, dass sich zwar die Umstände ändern, ich aber niemals. Ich bin derselbe gestern, heute und in Ewigkeit. (Hebräer 13,8) Du kannst auf meine Versprechen zählen. Du kannst auf meine Treue vertrauen. Du kannst dein Herz in meiner unveränderlichen Liebe verankern.

Wenn du dich von den Veränderungen des Lebens hin- und hergeworfen oder gebeutelt fühlst, komm in meine Nähe. Finde deine Sicherheit in mir. Schütte mir dein Herz aus. (Psalm 62:8) Vertraue mir deine Ängste und deine Sorgen über die Zukunft an. Ich höre zu und ich verstehe dich.

Denk daran: In mir verankert zu sein bedeutet nicht, dass es keine Stürme geben wird. Es bedeutet, dass du etwas hast, das stärker ist als die Stürme, an dem du dich festhalten kannst. Meine Liebe zu dir ist tiefer als jeder Ozean, stärker als jede Welle der Veränderung, die dir begegnet.

Ich halte dich fest. Wie ein gewaltiger Anker, der ein Schiff im heftigsten Sturm sichert, so ist mein Griff, mit dem ich dich halte, stark und sicher. Du bist verankert, mein kostbares Kind – nicht aufgrund deiner eigenen Stärke, sondern aufgrund meiner. Ruhe heute sicher in dieser Wahrheit.

KAPITEL 23
DU BIST VON FRIEDEN ERFÜLLT

Mein auserwähltes Kind,

in einer Welt, die sich manchmal chaotisch und unvorhersehbar anfühlt, möchte Ich dich daran erinnern, dass du in Mir immer Frieden finden kannst. Nicht irgendeinen Frieden, sondern einen vollkommenen, unerschütterlichen Frieden, der alles übersteigt, was der menschliche Verstand begreifen kann. (Philipper 4,7)

Vielleicht blickst du dich um und siehst eine Welt voller Aufruhr. Diese Herausforderungen können dazu führen, dass du dich ängstlich und überfordert fühlst. Aber Ich möchte, dass du weißt, dass du diesen Stürmen nicht allein trotzen musst. Ich bin dein Anker im Chaos und dein sicherer Hafen im Sturm. (Jesaja 9,5)

Wenn die Welt um dich herum ins Wanken gerät, denk daran, dass Ich dein festes Fundament bin. Ich verändere Mich niemals. Meine Liebe zu dir bleibt beständig und unerschütterlich, ganz gleich, welchen Umständen du begegnest. (Matthäus 7,24–25)

Wenn die Angst versucht, von deinem Herzen Besitz zu ergreifen, komm zu Mir. Erzähle Mir von deinen Sorgen, deinen Ängsten, deinen Kämpfen. Mir liegt jedes Detail deines Lebens am Herzen. (1. Petrus 5,7)

Wenn du dich in einem Wirbelsturm aus Stress oder Sorgen wiederfindest, nimm dir einen Moment Zeit, um innezuhalten. Atme tief durch. Stimme dein Herz auf das Flüstern Meines Geistes ein. Erinnere dich an Meine unveränderlichen Wahrheiten.

Wenn du deine Lasten im Gebet zu Mir bringst, werde Ich deine Angst durch Meinen Frieden ersetzen.

Denk daran, Frieden ist nicht die Abwesenheit von Problemen; es ist die Gegenwart Meines Geistes in dir. Mein Frieden bewahrt dein Herz und deine Gedanken, selbst inmitten der Stürme des Lebens. (Jesaja 26,3)

Mein kostbares Kind, der Frieden, den Ich schenke, ist ein Geschenk, das die Welt nicht geben kann. Sei also unbesorgt und fürchte dich nicht. (Johannes 14,27)

Selbst wenn es sich so anfühlt, als wäre die Welt außer Kontrolle, denk daran, dass Ich die Kontrolle habe. Ich bin immer bei dir und halte dich nah an Meinem Herzen.

Also komm immer wieder zu Mir zurück, Meine Tochter. Entscheide dich immer wieder dafür, Mir zu vertrauen, auch wenn es schwer ist. Während du das tust, wirst du feststellen, dass Mein Frieden mehr und mehr zu deinem natürlichen Seinszustand wird – ein Frieden, der von innen nach außen strahlt und nicht nur dein Leben, sondern auch das der Menschen um dich herum berührt.

Du bist kostbar für Mich. Du wirst geliebt. Und in Mir bist du immer von Frieden erfüllt.

KAPITEL 24
DU BIST NICHT ALLEIN

Meine geliebte Tochter,

ich sehe jede Träne, die du weinst. Diese leisen Tränen, die fließen, wenn niemand hinsieht. Die Tränen, die aus tiefer Enttäuschung kommen, aus dem Gefühl, missverstanden zu werden, aus dem Schmerz eines Verlustes, der zu groß für Worte scheint.

Vielleicht fühlst du dich verwirrt, wütend oder einfach nur zutiefst traurig. Vielleicht fragst du dich, warum sich die Dinge ändern müssen, warum die Menschen, die dir wichtig sind, nicht so bleiben können, wie sie sind.

Dein Herz fühlt sich vielleicht zerbrechlich an, sodass dir sogar das Atmen schwerfällt. An manchen Tagen fühlt es sich vielleicht schwer an, überhaupt aufzustehen. An anderen Tagen bist du vielleicht wütend oder verwirrt darüber, warum die Dinge so laufen, wie sie laufen.

Diese Gefühle sind echt. Sie sind wichtig. Und ich möchte, dass du weißt: Du bist damit nicht allein. Ich bin bei dir und werde über dich wachen, wo auch immer du hingehst. Ich werde dich niemals verlassen oder im Stich lassen.

DU BIST NICHT ALLEIN

Ich verstehe das Gefühlschaos, das dich überkommen kann – in einem Moment Traurigkeit, im nächsten Wut, vielleicht auch Leere oder Einsamkeit. Ich sehe das alles. Ich fange all das auf.

Wenn dein Herz schmerzt, bin ich bei dir. Deine großen Gefühle überfordern Mich nicht.

Komm zu mir, wenn du müde und beladen bist, und ich werde deiner Seele Ruhe schenken. Ich kann mit allem umgehen, was du erlebst, und ich möchte dein sicherer Hafen inmitten all dessen sein.

Wenn der Schmerz zu groß erscheint, sprich mit Mir. Schütte mir dein Herz aus, so wie du diesen Brief liest. Du brauchst keine besonderen Worte. Sei einfach ehrlich. Sag Mir genau, wie du dich fühlst – die Wut, die Traurigkeit, die Verwirrung.

Finde ruhige Momente, um bei Mir zu sein. Vielleicht ist das Tagebuch schreiben, draußen sitzen, Lobpreismusik hören oder einfach nur tief durchatmen und wissen, dass Ich nahe bin. Vielleicht spürst du Mich nicht sofort, und das ist in Ordnung. Ich bin trotzdem hier.

Manche Tage werden sich vielleicht schwerer anfühlen als andere. Manche Momente werden dich vielleicht überraschen, wenn eine Erinnerung oder ein Gedanke die Gefühle zurückbringt. Das ist in Ordnung. Heilung verläuft nicht geradlinig. Es ist eine Reise, und ich gehe jeden Schritt mit dir.

Vergiss nicht, diese Gefühle werden nicht ewig andauern. Sie definieren dich nicht.

Du wirst geliebt. Du wirst gesehen. Du bist nicht allein. Und ich bin immer bei dir, bis ans Ende der Zeit.

Ruh dich in Meinen Armen aus, mein geliebtes Kind. Ich halte dich.

KAPITEL 25
DU BIST REIN

Mein geliebtes Kind,

ich möchte mit dir darüber sprechen, wer du in Mir bist. Lange bevor Ich die Welt erschuf, erwählte Ich dich, um abgesondert, kostbar und rein zu sein. (Epheser 1,4) Das ist nichts, was du dir verdienen oder was du erreichen musst – es ist bereits das, was du bist, weil du zu Mir gehörst.

Als du Meine Tochter wurdest, erneuerte Ich dich von innen heraus. Ich legte Meinen Geist in dich und machte dich so rein und kostbar. Dein Körper gehört nicht nur dir, sondern ist ein heiliger Ort, den Ich erwählt habe, um ihn zu Meinem Zuhause zu machen.

Stell es dir so vor: Ein Diamant ist nicht wegen dem, was er tut, kostbar, sondern wegen dem, was er ist. Sein Wert kommt nicht von dem, was er tut, sondern von dem, was er ist. Genauso bist du für Mich nicht wegen dem, was du tust, kostbar, sondern weil du zu Mir gehörst.

Rein zu sein ist keine Liste von Regeln, die man befolgen muss, sondern eine Beziehung, die du annehmen sollst. Es geht darum, mit Mir zu gehen und zuzulassen, dass Meine Liebe dein Herz neu formt. Du musst nicht ‚versuchen', dich selbst rein zu machen, Ich habe dich bereits rein gemacht. Deine Heiligkeit ist ein Geschenk, kein Ziel.

Ich weiß, die Welt versucht dir einzureden, dass du wie alle anderen sein musst. Aber Ich habe dich auf die schönste Art und Weise anders gemacht. Nicht auf eine Art anders, die dir unangenehm ist oder dich auf komische Weise ausgrenzt, sondern anders, weil du von innen heraus mit Meinem Licht strahlst.

Meine Tochter, es geht nicht darum, zu versuchen, gut genug zu sein. Du bist bereits genug, weil Mein Geist in dir lebt. So wie aus einer Quelle ganz natürlich reines Wasser fließt, so fließt Mein Leben ganz natürlich durch dich und lässt dich mit Meinem Licht strahlen.

Wenn du das Gefühl hast, nicht dazuzugehören, dann denk daran: Das war auch nie so gedacht. Ich habe dich erschaffen, um zu leuchten, um auf eine Weise mit Meiner Liebe zu funkeln, wie nur du es kannst. Meine Gnade hilft dir nicht nur – sie verwandelt dich von innen heraus.

Denk daran, mein kostbares Kind, deine wahre Identität kommt daher, dass du zu Mir gehörst. Du musst dich nicht anstrengen oder abmühen, um anders zu sein – du bist es bereits, einfach weil du Mein bist. Finde Ruhe in dieser Wahrheit: Ich habe dich neu, rein und kostbar gemacht, und nichts kann ändern, wer du in Mir bist.

KAPITEL 26
DU BIST ETWAS BESONDERES

Mein Meisterwerk,

weißt Du, wie besonders Du für Mich bist? Du gehörst Mir – auserwählt, hochgeschätzt und als Mein Eigenes angenommen. Ich möchte, dass Du diese Wahrheit heute tief in Dein Herz sinken lässt: Du bist für immer ein Teil Meiner Familie.

Noch bevor Ich dich formte, kannte Ich dich. Meine Hände haben dich mit zärtlicher Sorgfalt geformt, wie ein Töpfer, der liebevoll sein schönstes Werk erschafft. Jedes Detail Deines Wesens wurde mit Bedacht geschaffen. Du bist kein Fehler und kein Zufall – Du bist Mein Meisterwerk, von Meinen liebenden Händen sorgfältig gestaltet.

Die Welt wird oft versuchen, Dich in eine Form zu zwängen, Dich zur Anpassung zu bewegen und Dich davon zu überzeugen, dass es das Ziel sei, dazuzugehören. Aber Ich habe Dich nicht geschaffen, damit Du Dich einfügst. Ich habe Dich geschaffen, damit Du herausstichst, damit Du auf eine Weise leuchtest, wie nur Du es kannst.

Deine Unterschiede sind keine Fehler. Sie sind keine Makel, die korrigiert oder geglättet werden müssen. Sie sind wunderschöne

Pinselstriche in dem Meisterwerk, das Du bist. Diese Leidenschaft, die Dich nachts wach hält? Diese scheinbar zufällige Kombination von Interessen? Das sind die Gaben, die Ich als leises Flüstern in Dich gelegt habe.

Du musst wissen, Ich habe Dich auserwählt. Ich habe Dich in Meine königliche Familie adoptiert. Du bist jetzt eine Tochter des Königs, und nichts kann diesen Status jemals ändern. Das ist nichts, was Du Dir verdient oder erarbeitet hast; es ist ein Geschenk Meiner Liebe.

Wenn die Welt Dir weismachen will, dass Du nicht dazugehörst, dann erinnere Dich daran: Du gehörst zu Mir. Du bist meine Tochter, von Mir adoptiert und angenommen.

Ich habe Deinen Namen in Meine Handflächen geschrieben. Du bist kostbar und hochgeachtet in Meinen Augen. Nicht, weil Du perfekt bist – sondern weil Du Mein bist.

Wie ein geübter Töpfer bin Ich noch immer in Deinem Leben am Werk. Vertraue Meinen Händen. Ich weiß genau, was Ich tue, und Ich habe wundervolle Pläne dafür, wer aus Dir wird.

Wenn Du unsicher bist, wer Du bist, komm auf diese Wahrheit zurück: Du bist mein kostbares Kind. Nicht wegen irgendetwas, das Du getan hast, sondern wegen allem, was Ich für Dich getan habe. Ich habe den höchsten Preis bezahlt, um Dich zu Meinem Eigen zu machen – das kostbare Blut Meines Sohnes. So wertvoll bist Du für Mich.

Lass dies tief in Deinen Geist einsinken: Du bist Mein. Mein kostbarer Besitz. Meine geliebte Tochter. Meine hochgeschätzte Schöpfung.

Kein Fehler, den Du machen könntest, kein Versagen, das Du befürchten magst – nichts kann Dich von Meiner Liebe trennen oder Dich aus Meiner Hand reißen. Du bist Mein und Ich bin Dein – für immer.

KAPITEL 27
DU BIST EDEL

Meine kostbare Tochter,

Du bist die Tochter des Königs! Du bist königlich – nicht wegen deiner Noten, deiner Beliebtheit oder deiner Erfolge, sondern einfach, weil du Mein bist.

Als Mein Kind bist du dazu berufen, anders zu leben. Ich weiß, das ist nicht immer einfach. Manchmal hast du vielleicht das Gefühl, dass die Menschen um dich herum sich selbst nicht treu sind.

Ich habe dich dazu erschaffen, ein Mädchen zu sein, das Wahrheit und Liebe ausstrahlt, ganz gleich, was um dich herum passiert. Ich habe dich dazu berufen, anders zu sein, hervorzustechen – nicht, indem du perfekt bist, sondern indem du echt und authentisch bist.

Ein Kind des Königs zu sein, hat nichts mit Status oder Perfektion zu tun – es geht um die Haltung deines Herzens. Es geht darum, anderen mit Sanftmut und Demut zu begegnen und sie mit Meinen Augen zu sehen.

Wenn du in Sanftmut wandelst, spiegelst du Meinen Charakter wider. Sanftmut ist keine Schwäche – sie ist Stärke unter Kontrolle. Demut bedeutet nicht, weniger von dir zu halten; es bedeutet, zu erkennen, dass jeder Mensch, den du triffst, wertvoll und des Respekts würdig ist.

Als Meine Tochter zu leben bedeutet, gut zu leben, auch wenn niemand zusieht. Es geht darum, dich selbst und andere mit Meinen Augen zu sehen. Es geht darum, jeden mit Freundlichkeit und Würde zu behandeln, weil sie Mir kostbar sind. Es geht darum, deine Worte zu nutzen, um andere aufzubauen, nicht um sie niederzumachen.

Es bedeutet, für das Richtige einzustehen, auch wenn du allein dastehst. Es bedeutet, die Wahrheit zu sagen, auch wenn es nicht der einfachste Weg ist. Es geht darum, ein Mädchen zu sein, das zu seinem Wort steht, ein Mädchen, dem man vertrauen kann. Es bedeutet, ehrlich zu sein, auch wenn es schwer ist. Es bedeutet, deine Versprechen zu halten, auch wenn es unbequem ist.

Ich weiß, es wird Zeiten geben, in denen du Mist baust. Aber denk daran, wenn du stolperst, bin Ich genau da, um dich aufzuheben, dich abzustauben und dir zu helfen, weiterzumachen.

Also lerne weiter, wachse weiter und verlass dich weiter auf Meine Liebe. Wenn du das tust, wirst du feststellen, dass du mehr und mehr zu dem authentischen, wahrhaftigen Mädchen wirst, zu dem Ich dich erschaffen habe.

Ich bin so stolz auf dich, meine kostbare Tochter. Ich sehe dein Herz. Die Welt braucht Mädchen wie dich – Mädchen, die mutig genug sind, mit Authentizität, Sanftmut, Wahrheit und Integrität zu leben. Mädchen, die die Welt verändern, nicht indem sie perfekt sind, sondern indem sie vollkommen Mein sind.

KAPITEL 28
DU BIST WEISE

Meine wunderschöne Tochter,

wusstest du, dass ich dir bereits Weisheit geschenkt habe? Nicht die Art von Weisheit, die aus Büchern, Noten oder dem »Schlausein« kommt, sondern etwas viel Wertvolleres – meine Weisheit, die daher rührt, dass du mich kennst. Ich schenke denen Weisheit, die mir gefallen.

Wenn du verstehst, wie stark und mächtig ich bin, wenn du auch nur einen flüchtigen Blick auf meine überwältigende Macht und endlose Liebe erhaschst, dann ist das der Anfang wahrer Weisheit.

Stell dir vor, du stehst am Rande des Ozeans oder blickst zu den Sternen hinauf. Und dann erinnerst du dich daran, dass ich derjenige bin, der diese Sterne in den Weltraum geschleudert hat. Kannst du jetzt langsam verstehen, wie unermesslich und wunderbar ich bin, und dass ich mich trotzdem dafür entscheide, in deinem Herzen zu wohnen?

Diese Art von Weisheit, die ich dir schenke, ist ein Geschenk, und sie ist so viel mehr, als nur zu wissen, was richtig ist. Es geht darum, für jede Situation die richtige Einsicht zu haben und zu wissen, was zu tun ist, wenn das Leben verwirrend wird. Wenn deine Freunde dich in eine Richtung ziehen, wenn Entscheidungen sich überwältigend anfühlen, wenn du nicht sicher bist, welchen Weg du einschlagen sollst – denk daran, meine Weisheit ist bereits in dir und bereit, dich zu führen.

Die Welt mag dir erzählen, dass Weisheit aus Erfahrung kommt, daraus, Fehler zu machen, oder daraus, die Dinge selbst herauszufinden. Aber wahre Weisheit? Sie kommt daher, dass du nah bei mir bleibst. Wie eine Blume, die sich der Sonne zuwendet, werde ich dir, wenn du dein Herz auf mich ausgerichtet hältst, Weisheit und Verständnis schenken, die weit über dein Alter hinausgehen.

Meine Weisheit bringt so viele Segnungen mit sich: Frieden, wenn andere besorgt sind, Klarheit, wenn andere verwirrt sind, und Verständnis, wenn andere den Weg nach vorn nicht sehen können. Während du lernst, meine Stimme in deinem Herzen zu erkennen, wirst du feststellen, dass du Entscheidungen triffst, die für andere vielleicht keinen Sinn ergeben, aber zu Leben und Freude führen.

Du musst nicht aus eigener Kraft versuchen, weise zu sein. Du musst nicht alle Antworten haben. Du musst nicht alles selbst herausfinden – du musst nur nah bei mir bleiben.

Denk daran, mein kostbarer Schatz: Ich habe meine Weisheit in dich hineingelegt. Lass diese Wahrheit heute tief in dein Herz sinken.

Ich liebe es, denen meiner Kinder großzügig Weisheit zu schenken, die darum bitten. Es ist mir eine Freude, dich zu führen. Wenn du also Weisheit brauchst, halt einfach inne, atme tief durch und bitte mich darum.

KAPITEL 29
DU BIST FREI

Mein geliebtes Kind,

ich habe dich befreit – frei, genau die zu sein, zu der ich dich geschaffen habe. Ich habe den höchsten Preis bezahlt, um dich von den Fesseln der Sünde und der Erwartungen zu befreien, damit du in Freiheit leben kannst. (Galater 5,1)

In einer Welt, die dich ständig mit Botschaften bombardiert, wer du sein, wie du aussehen und was du erreichen sollst, lade ich dich ein, deine Identität und deinen Wert allein in mir zu finden.

Wenn der Vergleich dich dazu verleitet, an deinem Wert zu zweifeln, denk daran: Das ist nicht deine Bestimmung. Ich habe dich einzigartig gemacht, mit deiner ganz eigenen Mischung aus Gaben und Leidenschaften. Nimm das Meisterwerk an, das du bist. (Epheser 2,10)

Die Welt mag versuchen, dich in ihr Schema zu pressen. Aber du musst nicht um die Akzeptanz oder Bestätigung von irgendjemandem kämpfen. Meine bedingungslose Liebe und Zustimmung hast du bereits.

Richte stattdessen deine Aufmerksamkeit auf mich, und du wirst von innen heraus verändert werden. (Römer 12,2 nach The Message) Wenn du Zeit mit mir verbringst, werde ich dein Herz und deinen Verstand so formen, dass sie meine widerspiegeln. Ein Leben im Einklang mit meinem Willen ist das, was wahre Freiheit bringt.

Wenn andere versuchen, dich unter Druck zu setzen, dich anzupassen, denk daran, dass du zu mir gehörst. Es wird viele Stimmen geben, die um deine Aufmerksamkeit buhlen und dir sagen, was du sein sollst. Aber ich lade dich ein, dein Herz vor allen anderen auf meine Stimme abzustimmen. Du bist keine Sklavin der Erwartungen anderer. Du bist frei.

Freiheit bedeutet nicht, zu tun, was immer du willst; sie bedeutet, die Freiheit zu haben, all das zu werden, wozu ich dich geschaffen habe. Es ist die Freiheit, mit meiner Liebe zu lieben, mit meiner Kraft zu dienen, mit meiner Bestimmung zu leben. Wahre Freiheit findet sich in der Hingabe an mich, denn wer sein Leben verliert, wird es wirklich finden. (Matthäus 16,25)

Ich habe meine Freude an dir, nicht wegen dem, was du tust, sondern weil du bist, wer du bist.

Also geh mit erhobenem Haupt, in dem stillen Vertrauen, zu wissen, wer du bist. Ich kenne dich durch und durch und werde dich für immer lieben. Also lebe in der Freiheit, von meinem Geist geführt zu werden. (Galater 5,18)

Lache aus vollem Herzen, liebe innig und lebe das Leben in vollen Zügen, in dem Wissen, dass du auf eine ehrfurchtgebietende und wunderbare Weise gemacht bist, dazu bestimmt, Freude und Freiheit zu erfahren.

Und jetzt geh und lebe! Nimm die Freiheit an, die ich dir gegeben habe, um ein Leben mit Sinn zu führen, ein Leben, das das unglaubliche Mädchen widerspiegelt, zu dem ich dich geschaffen habe.

KAPITEL 30
DU WIRST INNIG GELIEBT

Meine geliebte Tochter,

Ich habe dich je und je geliebt. (Jeremia 31,3) Diese Liebe umgibt dich immer, ganz egal, wie deine Situation auch aussehen mag.

Jeder Lebensweg ist anders, und ich sehe die einzigartigen Herausforderungen, denen du auf deinem begegnest. Manche Tage sind vielleicht voller Freude und Lachen, während andere Tränen und Frust mit sich bringen. Ich bin bei dir, bei allem, was du durchmachst – in den guten wie in den schweren Zeiten. (5. Mose 31,6)

Wenn Menschen dich verletzen oder im Stich lassen, ist es in Ordnung, traurig oder wütend zu sein. Bring diese Gefühle zu mir. Ich bin immer da, um dir zuzuhören und dich zu trösten. Denk daran: Selbst wenn andere dich enttäuschen, werde ich es niemals tun. Ich bin deine beständige Quelle der Liebe und Unterstützung. (Psalm 27,10)

Wenn du Menschen in deinem Leben hast, die dich lieben und unterstützen, dann schätze sie wert. Sie sind kostbare Geschenke. Ermutige sie, baue sie auf und lass sie wissen, dass du sie schätzt. (1. Thessalonicher 5,11)

DU WIRST INNIG GELIEBT

Ich möchte, dass du weißt, dass Liebe und Unterstützung von unerwarteter Seite kommen können. Manchmal gehören zu den Menschen, die ich in dein Leben stelle, auch solche, mit denen du nicht verwandt bist. Das können enge Freunde sein, ein Lehrer, der auf dich achtet, oder ein Nachbar, dem du am Herzen liegst. Sie sind diejenigen, die dich unterstützen, dich ermutigen und dir Liebe zeigen. (Sprüche 17,17)

Ich habe diese besonderen Menschen aus einem bestimmten Grund in dein Leben gebracht. Sie sind Teil meines Plans für dich, eine Erweiterung meiner Liebe. Sie können eine Quelle der Freude, Stärke und des Trostes sein, besonders wenn das Leben schwierig ist.

Erinnerst du dich, wie ich dich in meine Familie aufgenommen habe? Genauso kannst du diejenigen, die ich um dich herum platziert habe, als Teil deines Unterstützungssystems annehmen. Liebe ist nicht begrenzt – sie wächst überall dort, wo sie gepflegt wird. (Epheser 1,5)

Wenn sich das Leben überwältigend anfühlt, lehn dich an mich an. Ich bin dein Fels, deine Zuflucht, deine allgegenwärtige Hilfe in der Not. (Psalm 46,2) Bring all deine Freuden und Sorgen im Gebet zu mir. Ich bin immer hier, bereit, zuzuhören und zu helfen.

Du spielst eine besondere Rolle im Leben der Menschen um dich herum. Deine Freundlichkeit, deine Vergebung, deine Freude können einen Unterschied machen, selbst auf kleine Weise. Lass meine Liebe durch dich fließen, aber denk auch daran, sanft mit dir selbst zu sein.

Ganz gleich, wie dein Leben aussieht – vergiss niemals, dass du Teil meiner Familie bist. Du bist mein geliebtes Kind, unermesslich geliebt. Nichts kann das jemals ändern. (Römer 8,38-39)

KAPITEL 31
DU BIST GENUG

Mein kostbarer Schatz,

durch meinen Sohn Jesus habe ich dir bereits alles gegeben. Jeder geistliche Segen, jede Verheißung, jedes gute Geschenk – all das gehört dir. Du musst nicht dafür arbeiten oder es dir verdienen. Es gehört dir, weil du mein bist.

Weißt du, was das bedeutet? Es bedeutet, du bist frei! Frei von dem Zwang, dich beweisen zu müssen. Frei von dem Streben, gut genug zu sein. Frei von dem Versuch, dir meine Liebe zu verdienen. Mein Sohn hat bereits den vollen Preis bezahlt, um dir diese Freiheit zu schenken. (Galater 5,1)

Ich liebe es, zuzusehen, wie du wächst und zu all dem aufblühst, wozu ich dich geschaffen habe. Aber bei diesem Wachstum geht es nicht darum, dich abzumühen, um würdig zu werden – du bist von mir bereits geliebt und angenommen. Es geht darum, in der Fülle all dessen zu leben, was ich dir bereits geschenkt habe. Wie ein Garten, der in voller Blüte steht, wirst du einfach zu der, die du in mir bereits bist.

Als du mein Geschenk der Erlösung angenommen hast, wurden all meine Verheißungen zu deinen. All meine Macht wurde für dich verfügbar. All meine Liebe wurde durch meinen Geist in dein Herz ausgegossen. Du musst dir diese Gaben nicht verdienen – sie gehören dir bereits.

Es mag Tage geben, an denen du dich schwach fühlst, an denen du stolperst, hinfällst oder scheiterst. Aber selbst dann ist meine Gnade für dich genug, denn meine Kraft wird in der Schwachheit vollendet. (2. Korinther 12,9) Deine Schwäche schmälert nicht deinen Wert – sie schafft nur Raum dafür, dass meine Stärke durch dich hindurchscheinen kann.

Ich setze dich nicht unter Druck, perfekt zu sein. Ich stehe nicht aus der Ferne da und achte auf deine Fehler oder bewerte deine Leistung. Ich bin genau hier an deiner Seite, meine Arme um dich gelegt, erfreue mich daran, wer du bist, und feiere jeden Schritt auf dem Weg zu der, die du wirst.

In diesem Leben geht es nicht um Anstrengung – es ist ein freudiges Abenteuer, all die Schätze zu entdecken, die ich bereits in dich hineingelegt habe.

Also, ruh dich heute in meiner Liebe aus. Lass das Streben, die Pflichterfüllung, das endlose Versuchen, den Erwartungen zu entsprechen, los. In mir bist du genug. Das warst du schon immer. Das wirst du immer sein.

Mein geliebtes Kind, wenn du dieses Buch schließt, nimm diese Wahrheit immer mit dir: Du bist genug, weil ich genug bin. Du bist in mir vollkommen. Und obwohl ich weiter in deinem Leben wirken werde – Schönheit erschaffen, Heilung bringen, Stärke offenbaren –, baut alles auf dieser felsenfesten Wahrheit auf: Du, meine kostbare Tochter, bist bereits voll und ganz geliebt, vollständig angenommen und auf ewig wertgeschätzt.

Nun hebe deinen Kopf. Geh voller Zuversicht voran. Lebe in meiner Freiheit. Denn du bist mein, du bist geliebt und du bist genug.

DEINE GESCHICHTE GEHT WEITER

Die Geschichte, die Gott in deinem Leben schreibt, fängt gerade erst an. Jeder Tag ist ein neues Kapitel, in dem seine Liebe dich umgibt, seine Gnade sich entfaltet und seine Pläne für dich Wirklichkeit werden.

Du bist zutiefst geliebt, einzigartig geschaffen und unschätzbar wertvoll. Du wirst geschätzt, bist auserwählt und befähigt, in dieser Welt hell zu leuchten, genau so, wie du bist.

Denk daran, du bist sein Meisterwerk. Also nimm deinen Wert an, lebe in seiner Gnade und lass dich von seiner Liebe leiten.

Deine Geschichte geht weiter, und sie ist wunderschön.

Also tritt mutig in deine Geschichte ein, in dem Wissen, dass der Schöpfer aller Dinge neben dir geht und dich bei jedem Schritt auf deinem Weg anfeuert.

EINE EINLADUNG

Vielleicht hast du beim Lesen dieser Briefe von deinem himmlischen Vater gespürt, wie seine Liebe an deinem Herzen zieht? Vielleicht fragst du dich, wie du seine Einladung annehmen kannst, Teil seiner Familie zu werden?

Gott liebt dich so sehr, dass er seinen Sohn Jesus geschickt hat, um dich in seine Familie zu holen. Die Bibel sagt uns: »*Gott hat die Welt so sehr geliebt, dass er seinen einzigen Sohn gab, damit jeder, der an ihn glaubt, ewiges Leben hat und niemals verloren geht.*« (Johannes 3,16 MSG)

Wenn du deine eigene Beziehung mit Gott beginnen und für immer sein Kind werden möchtest, kannst du jetzt sofort mit ihm reden.

Hier ist ein einfaches Gebet, das dir dabei helfen kann:

Herr Jesus,

danke, dass du mich liebst, so wie ich bin.

Es tut mir leid, dass ich mein Leben auf meine eigene Art gelebt habe.

EINE EINLADUNG

Danke, dass du für mich gestorben, von den Toten auferstanden bist und heute lebst.

Bitte vergib mir und mach mich neu.

Ich lade dich in mein Leben ein – erfülle mich mit deinem Heiligen Geist.

Ich entscheide mich, dir heute und für immer nachzufolgen.

Amen.

Wenn du dieses Gebet gerade gesprochen hast, willkommen in Gottes Familie! Du bist jetzt sein kostbares Kind und er wird dich immer lieben. Alles, was du in diesem Buch über Gottes Liebe zu dir gelesen hast, gehört für immer dir.

Gottes Heiliger Geist lebt jetzt in dir und gibt dir die Stärke und Kraft, dieses neue Leben zu leben. Denk daran, dein himmlischer Vater wird dich bei jedem Schritt begleiten, während du diese wundervolle neue Reise mit ihm beginnst.

Was kommt als Nächstes?

Hier sind einige einfache Wege, wie du Gott näherkommen kannst:

- *Erzähle einem christlichen Freund* oder Familienmitglied von deiner Entscheidung, Jesus nachzufolgen.
- *Beginne, in deiner Bibel zu lesen* – du kannst dir eine gedruckte Bibel besorgen oder eine Bibel-App herunterladen.
- *Suche dir eine Kirche*, in der du Freunde finden und mehr über Gott lernen kannst.
- *Rede jeden Tag mit Gott* – so wie du mit einem Freund reden würdest.

Gott hat wundervolle Pläne für dein Leben, während du ihn besser kennenlernst!

EINS NOCH

Vielen Dank, dass du dir die Zeit genommen hast, dieses Buch zu lesen. Als Autor bedeutet mir das sehr viel!

Wenn du 60 Sekunden Zeit hast, würde es mir die Welt bedeuten, dein ehrliches Feedback auf Amazon zu lesen. Das bewirkt Wunder für das Buch und ich liebe es, von deinen Erfahrungen damit zu hören.

www.ingramcontent.com/pod-product-compliance
Lightning Source LLC
Chambersburg PA
CBHW061341040426
42444CB00011B/3028